Klaus Gille

Kohlgeschichte(n)

Aus dem Anbaugebiet hinter Dithmarschens Deich

Westholsteinische Verlagsanstalt Boyens & Co.

Dithmarscher Schriftenreihe zur Landeskunde

Herausgegeben in Verbindung mit dem Landwirtschaftsmuseum in Meldorf
unter Mitarbeit von Dr. Nis R. Nissen

ISBN 3-8042-0563-1

© Westholsteinische Verlagsanstalt Boyens & Co., Heide 1991
Alle Rechte, auch die des auszugsweisen und des fotomechanischen Nachdrucks,
vorbehalten
Herstellung: Westholsteinische Verlagsdruckerei Boyens & Co., Heide
Printed in Germany

Inhalt

Vorbemerkung	7
Ein Buch über Kohl?	9
„Ein berühmtes Mußkraut in aller Landen"	11
Die Kohlkammer Deutschlands liegt hinter dem Deich	19
„Daß sie von dem Sauerkohle eine Portion sich hole"	44
Sauerkraut aus der Fabrik – Die Anfänge der Sauerkrautindustrie	54
„... ein mächtiges Verwahrungsmittel gegen den Scharbock" – Sauerkraut auf Schiffen	69
Eine gute Speise (nicht) nur für „gemeine Leute"	72
„Kohl ist eine Medizin in dem Magen und ein Doctor im Hause"	81
Kohl und Krieg (1914–1918)	88
Sauerkraut im Krieg	102
Kohlbau seit den 1920er Jahren – Krise und Modernisierung	110
„Der nordische Bauer ist in allen Zeiten nicht ohne seine Kohlbeete zu denken"	122
Schwerere Zeiten für Kohl	133
Ein Kohlkopf nach Maß? – Vom Zuckerhutkohl zur F1-Hybride	147
Anmerkungen	164
Quellen- und Literaturverzeichnis	173
Verzeichnis der Abbildungen	179

Vorbemerkung

Zu den Großobjekten des Landwirtschaftsmuseums in Meldorf gehört ein Fließband, an dem fast ein halbes Jahrhundert lang Frauen Kohl geputzt haben. Er wurde bei der Firma Gravenhorst in Marne in großem Stil zu Sauerkrauts verarbeitet, was ebenfalls im Museum an den Originalobjekten der Fabrikeinrichtung nachvollziehbar ist.

Wozu dieser Aufwand? Welche Bedeutung hatte und hat der Kohl für Dithmarschen und der Dithmarscher Kohl in Deutschland für die Ernährung welcher Bewohner?

Diese Fragen galt es zu klären, um die Sauerkohlfabrik im Landwirtschaftsmuseum und den Kohl aus Dithmarschen ins rechte Licht zu rücken.

Das vom Landwirtschaftsmuseum ausgehende und von der Dithmarscher Museums-Gesellschaft abgewickelte Forschungsvorhaben sowie die vorliegende Publikation wurden nur dank großzügiger Spenden ermöglicht. Es trugen bei:
Land Schleswig-Holstein/Landesmuseumsdirektor
Bayer AG Brunsbüttel
Stiftung 150 Jahre Verbandssparkasse Meldorf
Spendenkonto Landwirtschaftsmuseum Meldorf
Eigenmittel Dithmarscher Museums-Gesellschaft m.b.H.

Nis R. Nissen

Ein Buch über Kohl?

Jawohl, denn auch der Kohl hat seine Geschichte, und von der soll hier berichtet werden.

Kohl ist ein Kulturprodukt. Der Kohl, den wir heute als Kohlroulade, Krautsalat, Sauerkraut oder Kohleintopf vor uns auf dem Teller haben, ist das Resultat von Arbeit und menschlichem Können. Der Mensch hat sich seit langem mit seiner Erfahrung, mit Wissenschaft und Technik des Kohls angenommen und ihn nach seinen Wünschen gebrauchsfähig gemacht. Der Kohl aus den Zeiten Karls des Großen hätte vermutlich mit einem heutigen Kohlkopf nur eine entfernte Ähnlichkeit.

Hier ist natürlich nicht nur von irgendeinem Kohl die Rede, sondern im Mittelpunkt steht der Dithmarscher Kohl. Sein Anbau wird in großem Stil erst seit gut 100 Jahren betrieben. Niemand ahnte damals, daß aus den eher bescheidenen Anfängen des Gärtners Eduard Laß in kurzer Zeit das wichtigste Kohlanbaugebiet Deutschlands werden sollte. In der ersten Phase bis 1914 etablierte sich der Kohlanbau als ein fester Bestandteil der Landwirtschaft in den Marschen. Mit dem Ersten Weltkrieg begann die hektische zweite Periode. Ein Kohlfieber ergriff Dithmarschen. Der Kohlanbau erfuhr eine immense Ausdehnung – Kohl wurde zu einem äußerst begehrten Lebensmittel. Die Darstellung dieser Verhältnisse bis zum Ende des Ersten Weltkriegs bildet einen Schwerpunkt dieser Untersuchung.

In den 1920er Jahren waren die „goldenen Zeiten" für den Kohlanbau vorbei. Absatzkrisen wechselten mit wenigen guten Jahren. Vor diesem Hintergrund begann eine dritte Phase der „Kohlgeschichte", die eine umfassende Modernisierung einleitete. Die Mechanisierung hielt zaghaft Einzug und erleichterte die schwere Arbeit des Kohlpflanzens. Besondere Kohlscheunen wurden gebaut, und in der Züchtung trat wissenschaftliche Forschung an die Seite der Erfahrung. Seit dem Ende der 1920er Jahre begann damit die Geschichte des modernen Kohlanbaus in Dithmarschen wie wir ihn heute kennen.

Die „Kohlgeschichte" hat viele Aspekte. Ein großer Teil des Dithmarscher Kohls gelangte von jeher in die Gärbottiche der Sauerkrautfabriken, von denen wir eine heute auch im Landwirtschaftsmuseum in Meldorf bewundern können. Zur Geschichte des Dithmarscher Kohls gehört deshalb auch ein Blick auf die Entwicklung des Sauerkrauts.

Kohlgeschichte ist aber auch Alltagsgeschichte. Wie kochte man seinen Kohl? Mochte man ihn gern essen? Oder aß man ihn nur, weil es nichts anderes gab? Fragen über Fragen, die leider so ohne weiteres nicht zu beantworten sind, da wir keine Zeitzeugen aus früheren Jahrhunderten herbeizitieren können. Trotzdem soll versucht werden, mit einigen kulturhistorischen Abschweifungen über den Tellerrand des Dithmarscher Kohlgerichts hinaus unser Bild in Stichworten zu ergänzen.

Hier können natürlich nicht alle interessanten Aspekte angesprochen, geschweige denn ausführlich behandelt werden. Vieles wird daher auf dieser historischen Reise rund um den Kohlkopf nur angerissen werden, und manches ist auch sicher ganz vergessen worden.

Ich danke allen, die mir so bereitwillig geholfen haben und mit Rat und Tat zur Stelle waren. Mein besonderer Dank gilt Dr. Nissen, ohne den diese Arbeit nicht zustande gekommen wäre.

Klaus Gille

„Ein berühmtes Mußkraut in aller Landen"

> „... Cappis Koel, welcher die großen Haeupter bringt. Ist ein berühmte Mußkraut in allen Landen."[1]

So beschrieb 1569 der Botaniker Lonicerus in seinem „Kreuterbuch" den Kohl. Kohl als „Mußkraut", d. h. als Bestandteil des allgegenwärtigen Gemüseeintopfes, des „Muß", ist aus der mittelalterlichen Ernährung nicht wegzudenken.

Den Kohl gab es jedoch schon sehr viel länger. Die Urform des Kohls, der Wildkohl, stammt aus dem Mittelmeerraum. Aus ihm entstanden die heute bekannten Kohlarten wie Kopfkohl, Wirsing, Brokkoli und der Kohlrabi, der ebenfalls zu den Kohlgewächsen zählt. Erste Berichte über verschiedene Kohlarten sind aus der griechisch-römischen Antike überliefert. So beschrieb etwa der griechische Philosoph Theophrastos drei Arten des Kohls: den krausen, den glattblättrigen und den wilden mit kleinen, runden Blättern[2]. Der Römer Cato galt als ein großer Anhänger des Kohls, den er für das beste Gemüse hielt. Der römische Naturforscher Plinius nannte in seiner Naturgeschichte sieben verschiedene Sorten Kohl. Vermutlich handelte es sich dabei jedoch vorwiegend um Blätterkohlarten ohne Kopfbildung.

Nördlich der Alpen ist erstmalig in der Hofgüterordnung Karls des Großen um 800 vom Kohl die Rede. Auch in dem berühmten Gartenplan des Klosters St. Gallen aus dem Jahre 820 fand sich ein Platz für „caulis", den Kohl. In den Schriften der Hildegard von Bingen vom Anfang des 12. Jahrhunderts gibt es erstmals Beschreibungen des Kopfkohls.

Seit dem frühen Mittelalter gehörte Kohl neben Wurzeln und Rüben zur Grundausstattung eines jeden Küchengartens. Gärten, wie die im 14. Jahrhundert in Frankfurt erwähnten „Kraut- und Kappesgärten"[3], gab es ähnlich auch an anderen Orten. In Braunschweig wurde 1453 gefordert, den Anbau von Hopfen und Krapp (einer Pflanze zur Farbstoffgewinnung) zugunsten von Kohl zu verringern[4]. Michel de Montaigne berichtete Ende des 16. Jahrhunderts über die Gegend bei Lindau am Bodensee, daß dort viel Kohl angebaut

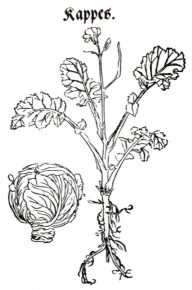

Abb. 1: Darstellung des Kohls im Kräuterbuch des Otto Brunfels aus dem Jahre 1532

werde[5]. Kohl erhielt auch eine besondere Stellung innerhalb der Nahrungsversorgung, da er sich unter Umständen recht lange aufbewahren ließ und so im Winter, als frisches Gemüse fehlte, zur Verfügung stand. Wenn man den Kohl nicht zu Sauerkraut verarbeiten wollte (siehe unten), so gab es die Möglichkeit, die Köpfe aufzubewahren. Man konnte sie entweder im Garten in Gruben überwintern, sie im Keller in einem Kasten mit Sand aufbewahren oder sie auf Holzregalen stapeln.

Die besondere Bedeutung gerade des Kohls unter den Gartenpflanzen unterstreicht auch die Tatsache, daß Nutzgärten lange Zeit allgemein als „Kohlgärten" bezeichnet wurden, auch wenn dort noch andere Gemüse gezogen wurden. Noch in Zedlers Universallexikon hieß es 1737 in diesem Zusammenhang:

> *„Kohl-Gärtnerin sind diejenigen Mägde oder auch Weiber, so in großen Körben Salat, Kohl, Kraut, Rüben, Möhren, Petersilie, Artischocken, Wurzeln, Rettig, Gurken u.a. Kräuter aus denen Kohl-Gärten, auf die gewöhnlichen Wochenmärckte zu führen und zu verkaufen pflegen."*[6]

Abb. 2: Ein Kohlbeet, mit einem geflochtenen Zaun umgeben. Detail aus einer Buchillustration von Johann Sadeler, um 1583

Kohl gehörte zu den Gemüsen, die auch dann noch angebaut wurden, wenn der Gartenbau insgesamt nur wenig betrieben wurde. Dies galt bis ins 19. Jahrhundert auch für große Teile Schleswig-Holsteins. So klagte 1782 der Gartenbau-Theoretiker Christian Cajus Hirschfeld über die Verhältnisse in Holstein:

Von Küchengewächsen wird noch immer ein sehr geringer Vorrath gezogen, weil die Einwohner in den Städten mehr zu Speisen von Fisch und Fleisch verwöhnt sind, und der Bauer mehr von Milch und Mehlspeisen lebt, als in andern Provinzen von Deutschland. Man achtet weniger auf gesundes, wohlfeiles und schmackhaftes Gemüse, und daher sind auch bei ansehnlichen Bauernhöfen die Küchengärten so klein, als wenn da ein einziger Eremite wohne."[7]

Aber der arme Einsiedler konnte sich auf jeden Fall dann noch von Kohl ernähren, denn dieser fehlte vermutlich in keinem noch so bescheidenen Garten. Dies galt natürlich auch für Dithmarschen. Unter dem umfangreichen Sortiment von Gartensämereien, das das Inventar des Heider Gärtners Christian Andrees Magern im Jahre 1742 verzeichnete, machten die Kohlsämereien, neben Rüben, Bohnen und Erbsen, den größten Anteil aus[8]. Von der Insel Nordmarsch in Nordfriesland hieß es 1807:

„Die Lebensart dieser Insulaner ist sehr einfach. Aus ihren Gärten genießen sie nichts als Kohl, dazu von einer schlech-

Abb. 3: Kohlernte in einem Kohlgarten vor der Stadt um 1700

ten Sorte. Viele Familien leben im Sommer bloß von Thee und Brod. Nächst diesem sind Pfannkuchen, Gerstengrütze und Milch mit Klösen ihre Lieblingsgerichte. Speck und Fleisch wird im Winter verzehrt."[9]

Abgesehen von dem gleichmäßig in allen Regionen verbreiteten Kohlanbau in Gärten, gab es bereits in der vorindustriellen Zeit Anbaugebiete, in denen besonders viel Kohl gezogen wurde. Dazu gehörte etwa die Insel Poel vor der mecklenburgischen Küste[10], von wo aus große Mengen Weißkohl nach Wismar geliefert wurden. Verstärkten Gemüseanbau gab es vor allem in der Nähe großer Städte, wie etwa um Hamburg. Über das Alte Land hieß es 1807:

> „Den Kohlbau treiben sie ebenfalls sehr stark, da sie starken Absatz nach Hamburg haben. Sie bauen ihn nicht gerne in frisch gedüngtem Boden, sondern lieber nach Klee, und ziehen Köpfe bis 16 Pfund schwer."[11]

Ebenso gehörten die Gebiete um Liegnitz und Bamberg oder die sog. Fildlerorte bei Stuttgart, wo das bekannte „Filderkraut", eine Spitzkohlsorte, angebaut wurde, zu den Regionen mit verstärktem Kohlanbau.

In der Gegend um Glückstadt hatten niederländische Einwanderer zu Beginn des 17. Jahrhunderts mit dem Gemüsebau begonnen[12]. Die sog. Kölker brachten Kohl und anderes Gemüse in großen Mengen auf Ewern nach Hamburg. Seit der Mitte des 19. Jahrhunderts erfolgte der Transport zunehmend mit der Eisenbahn. Eine Statistik aus dem Jahre 1850 veranschlagte die Kohlernte auf ca. eine Mio. Köpfe[13]. Seit etwa 1860 trat immer mehr der Anbau von Frühkohl in den Vordergrund[14]. Um möglichst früh im Jahr Kohl anbieten zu können, benutzte man ein aufwendiges Verfahren. Der Kohl wurde zunächst im Januar/Februar in einem Warmbeet ausgesät, im März in Töpfe umgepflanzt und schließlich im April aufs Feld gepflanzt. Dieser „Topfkohl" konnte im Juni/Juli geerntet werden und erzielte entsprechend hohe Preise. 1913 wurden ca. 500 000 Stück davon in der Glückstädter Gegend angebaut. Daneben gab es noch den Anbau von „normalem" Frühkohl, Herbst- und Dauerkohl. Insgesamt umfaßte das Glückstädter Gemüsebaugebiet 1913 ca. 600 ha[15].

Abb. 4: Auch Gärtner beschäftigten sich mit dem Anbau von Kopfkohl

Der große Bedarf an Dünger im Glückstädter Gemüseanbau wurde zu einem Teil gedeckt mit – frischen Heringen. „Wo du nicht düngst mit Heringsmist, der Kohl gewöhnlich kleiner ist", lautete die Devise. Die Heringe kamen zunächst direkt von den Fangschiffen im

Abb. 5: Beim Vogelschießen in Glückstadt führte der Umzug der Schulen am Kohlfeld entlang. Foto vor 1914

Glückstädter Hafen. Es waren Fangüberschüsse, die anders nicht absetzbar waren. Später wurden die Heringe per Bahn von der Ostsee herbeigebracht. Darüber hinaus verwandte man auch Fischabfälle aus der Hamburg-Altonaer Fischindustrie[16]. Diese Düngung mit Fischresten blieb noch bis zum Beginn der 1920er Jahre in Gebrauch[17].

Seit der Mitte des 19. Jahrhunderts begann sich die Standortstruktur des Kohlanbaus in Deutschland zu verändern. Aus dem allgemein verbreiteten Anbau konzentrierten sich bestimmte Gebiete heraus, in denen der Kohlbau mit hohen Erträgen im Feldanbau betrieben wurde. Die Fläche des Kohlanbaus insgesamt sank von mehr als 100 000 ha 1878 auf knapp 80 000 ha 1913. Dabei verringerte sich vor allem die Fläche in Süd- und Mitteldeutschland, wo der Anbau auf den schlechteren Böden aufgegeben wurde. Der Anbau konzentrierte sich jetzt vor allem in Gebieten, wo es gute natürliche Voraussetzung oder gute Absatzmöglichkeiten gab. So nahm der Kohlanbau beispielsweise in der Nähe von Berlin auf den städtischen Rieselfeldern erheblich zu[18]. Neue Anbaugebiete entstanden u. a. am Niederrhein und in den norddeutschen Küstengebieten, wie in der Gegend um Aurich und Emden und – in Dithmarschen.

Abb. 6: Ein Riesenkohlkopf mit Wendeltreppe und ein Riesenspargel mit ersteigbarem Gerüst – der Vorschlag der satirischen Zeitschrift „Kladderadatsch" für eine Ausstellung in Berlin 1879. Der begleitende Artikel spielt auf den neu entstandenen Gemüsebau auf den Berliner Rieselfeldern an

Die Kohlkammer Deutschlands liegt hinter dem Deich

Als der Gärtner Eduard Laß aus Wesselburen 1889 damit begann, ein Kohlfeld anzulegen, hat er sich vermutlich nicht träumen lassen, daß dies der Beginn einer Entwicklung war, die Dithmarschen zum größten geschlossenen Kohlanbaugebiet Deutschlands machen sollte. Doch – ohne die Verdienste des tatkräftigen Eduard Laß schmälern zu wollen – zum richtigen Mann gehörten auch der richtige Zeitpunkt und die richtigen Verhältnisse.

Daß der Kohlanbau innerhalb weniger Jahre in Dithmarschen eine derartige Bedeutung erlangte, hat seine Ursache in einer Reihe von Gründen. Zum einen waren es die speziellen Dithmarscher Verhältnisse, zum anderen die allgemeine wirtschaftliche und soziale Entwicklung am Ende des 19. Jahrhunderts.

Zu den erforderlichen Voraussetzungen für den Feldgemüsebau gehörte vor allem eine ausreichende Absatzmöglichkeit. Diese ergab sich jetzt in der notwendigen Versorgung der Menschen in den Großstädten und Industrieregionen, die ihr Gemüse nicht mehr selber anbauen konnten. Dafür war es notwendig, daß die landwirtschaftlichen Produkte schnell und kostengünstig über weite Strecken transportiert werden konnten. Dies war durch den Ausbau des Eisenbahnnetzes möglich geworden. Dithmarschen verfügte seit 1877 über einen ersten Bahnanschluß von Neumünster nach Heide. 1878 wurde die Strecke Hamburg–Itzehoe nach Heide weitergeführt. In den 1880er Jahren erweiterte man das Netz um zwei Stichbahnen: 1883 Heide–Büsum und 1885 St. Michaelisdonn–Marne–Friedrichskoog.

Ein weiterer wichtiger Punkt war der Kunstdünger. Solange man auf den hofeigenen Stallmist als Dünger beschränkt war, ließ sich der intensive Massenanbau einer so nährstoffbedürftigen Pflanze wie Kohl nicht betreiben. Anders war es, wenn sich das Anbaugebiet in der unmittelbaren Umgebung einer großen Stadt befand, deren Abfälle als Dünger benutzt werden konnten.

Sodann mußten selbstverständlich die natürlichen Voraussetzungen stimmen. Sie waren und sind für den Kohlanbau in den Dithmarscher Seemarschen ausgesprochen günstig. Es gibt hier gutes Ackerland mit einer hervorragenden Bodenqualität und einem hohen Grundwasserspiegel. Eine große jährliche Regenmenge, vor allem in den für die Kohlentwicklung wichtigen Monaten Juli und August, sichert eine ausreichende Feuchtigkeit des Bodens. Darüber hinaus sorgt der ständige Seewind dafür, daß hier der Kohl weitaus weniger von Schädlingen wie dem Kohlweißling befallen wird, als dies in anderen Gegenden der Fall ist. Die Folgen dieser guten, natürlichen Voraussetzungen sind sehr hohe Hektarerträge und vor allem eine große Ertragssicherheit bei der Kohlernte.

Zu den Voraussetzungen zählte noch ein entscheidender Aspekt: der finanzielle Anreiz. In den 90er Jahren des 19. Jahrhunderts hatten sich die Erträge beim Weizen- und Zuckerrübenanbau erheblich verschlechtert. Der Anbau von Zuckerrüben, der seit den 1870er Jahren vielfach an die Stelle der üblichen Schwarzbrache getreten war, rentierte sich wegen der weltweit sinkenden Zuckerpreise und der

Abb. 7: Abtransport des Kohls vom nassen Feld. Foto vor 1914

mäßigen Qualität des in Dithmarschen produzierten Zuckers immer weniger. In dieser Situation konnte an die Stelle der Zuckerrüben jetzt eine neue Hackfrucht treten: der Kohl.

Unmittelbarer Anlaß für den Gärtner Eduard Laß, mit dem Kohlanbau in Wesselburen zu beginnen, war eine Zeitungsanzeige der Glückstädter Gemüsefabrik im Jahre 1888, in der zur Anlieferung von Gemüse aufgefordert wurde[1].

Diese Fabrik war 1887 inmitten des Glückstädter Gemüseanbaugebiets durch den ehemaligen Hofbesitzer H. Leydecker gegründet worden. Sie wurde 1894 in eine Aktiengesellschaft unter dem Namen „Glückstädter Konservenfabrik" umgewandelt. Saisonweise waren hier zwischen 40 und 100 Arbeiter und Arbeiterinnen beschäftigt, die neben Sauerkohl auch Dörrgemüse und Gemüsekonserven herstellten[2]. Daneben gehörten zur Fabrik eine größere Landwirtschaft und ein Handel mit Rohgemüse.

Nachdem Laß mit der Glückstädter Firma in Kontakt getreten war, wagte er 1889 zusammen mit einem Bauern aus Wesselburen den versuchsweisen Anbau von verschiedenen Gemüsesorten auf einem Morgen Land. Neben der Fabrik in Glückstadt gab es auch bald andere Abnehmer. So schloß Laß am 28. Januar 1890 einen Vertrag mit der Marineverwaltung über die Lieferung einer größeren Menge Weißkohl[3]. Im gleichen Jahr pachtete Laß dann auf eigene Rechnung einen weiteren Morgen Land hinzu. 1891 gelang es ihm, den Gutsbesitzer Schröder auf Osterhof in der Nähe von Büsum für den Gemüseanbau zu interessieren. Schröders Einstieg bedeutete den endgültigen Durchbruch für den feldmäßigen Kohlanbau in Norderdithmarschen, nachdem Laß Aktivitäten zunächst eher belächelt worden waren.

Auf dem Gut Osterhof stieg die Kohlanbaufläche zwischen 1891 und 1902 von 1 auf über 80 ha[4]:

1891	1,12 ha	1897	16,50 ha
1892	8,96 ha	1898	21,03 ha
1893	15,34 ha	1899	31,10 ha
1894	9,40 ha	1900	39,70 ha
1895	8,65 ha	1901	45,97 ha
1896	19,36 ha	1902	84,37 ha

Zunächst waren neben dem Weißkohl noch andere Gemüsearten angebaut worden. Bald hatte sich jedoch herausgestellt, daß mit Kohl die besten Geschäfte zu machen waren. Die feineren Gemüsesorten waren zudem noch arbeitsaufwendiger: Man brauchte mehr qualifizierte Arbeitskräfte, und es gab größere Probleme beim Verpacken und Versand der Ware. Der ertragreiche Ausgang einzelner Ernten brachte dann nach und nach immer mehr Bauern dazu, es mit dem Kohlanbau zu versuchen. So stieg im Bezirk Wesselburen die Anbaufläche für Kohl und Gemüse innerhalb von nur zehn Jahren, von 1893 bis 1902, von anfangs 3 ha auf 283 ha[5]. Noch einmal zehn Jahre später, 1913, betrug die Anbaufläche allein für Weißkohl 743 ha. In Norderdithmarschen waren es zu diesem Zeitpunkt insgesamt 1526 ha[6]. Die Schwerpunkte des Anbaus lagen neben dem Bezirk Wesselburen in der Gemeinde Büsum mit 286 ha, im Hedwigenkoog mit 144 ha und in Norderwöhrden mit 102 ha. Dem stand zu diesem Zeitpunkt in Süderdithmarschen eine Anbaufläche von insgesamt 630 ha gegenüber[7]. Hier setzte der Kohlanbau in den Kögen erst nach der Jahrhundertwende in größerem Umfange ein[8].

Der Anstoß, es mit dem Kohlbau zu versuchen, ging vom überzeugenden wirtschaftlichen Ausfall einer Ernte aus. Eine Rolle mögen auch die Diskussionen in landwirtschaftlichen Vereinen wie dem Wesselburener „Casino" gespielt haben, wo immer wieder Fragen des Kohlanbaus zur Sprache kamen. So berichtete der „Dithmarscher Bote" am 22. Februar 1899 über eine „Casino"-Sitzung:

> *„Herr C. Dose wies an der Hand der Statistik nach, daß der Bedarf an Kohl in Deutschland ein ganz enormer sei und daß dabei in erster Linie die Niederlande profitierten. Ein Schutzzoll sei von Nöthen und vor allem auch eine Herabminderung des Eisenbahntarifs für Sauerkohl. Eine dahin zielende Resolution wurde einstimmig angenommen."*

Im Dezember 1900 hielt der Direktor der landwirtschaftlichen Schule in Heide, Dr. Heinrich Clausen, in Wesselburen einen Vortrag über den Feldgemüsebau. Er warnte dabei vor einer überhasteten Ausdehnung der Anbaufläche, nur weil die letzte Ernte gut ausgefallen sei. In einer anschließenden lebhaften Debatte wurde u. a. auf die extremen Schwankungen beim Kohlpreis hingewiesen:

„*Herr N. Kahlcke-Hedwigenkoog warnte vor der übermäßigen Ausdehnung des Kohlbaus; dagegen sei es richtig, wenn jeder Besitzer so viel anbaue, als er evtl. verfüttern könne.*"[9]

Vor einer gutbesuchten „Casino"-Versammlung referierte im folgenden Jahr Dr. König aus Flensburg über die auftretenden Schädlinge beim Kohlanbau und deren Bekämpfung.

Zusammen mit dem „Dithmarscher Obst- und Gartenbauverein" veranstaltete das „Casino" am 15. und 16. Oktober 1904 eine Gemüse-, Getreide- und Obstausstellung in Wesselburen:

> „*In der Abteilung Gemüse waren von 34 Ausstellern 200 Nummern vertreten, z. T. in der Form von größeren Sortimenten. In Weißkohl waren Glückstädter, sowohl Früh- wie Spätsorten, stark vertreten. Die kolossalen Köpfe zeigten edle Form und Feinheit der Rippen, so daß die Qualität durchweg vorzüglich genannt werden durfte. Auch dänischer Kohl war in ausgezeichneten Exemplaren vertreten, welche von fast allen Ausstellern mit großer Sachkenntnis ausgesucht waren, was die durchweg zu beobachtende korrekte Ballonform bestätigte. Rotkohl war stark beschickt, zum großen Teil sah man vorzüglich große Köpfe von schöner Form, auch konnte man allgemein bemerken, daß auf dunkle Farbe gezüchtet wurde.*"[10]

Wenn der Kohl nur wenig einbrachte, mehrten sich die Stimmen der Landwirte, die wieder zum Zuckerrübenanbau zurückkehren wollten. In einem „Casino"-Vortrag warnte der Direktor der Landwirtschaftsschule in Hohenwestedt, Rammelsberg, vor übereilten Schritten:

> „*... vielmehr müsse der Landwirt durch statistische Aufzeichnungen sich nach und nach eine Übersicht verschaffen, ob der Anbau der Kohlarten gewinnbringend sei. Gerade die Preise für diese Fruchtart seien derartigen Schwankungen unterworfen, daß nur ein etwa zehnjähriger Durchschnittspreis einen Anhalt über die Rentabilität des Kohlbaues zu geben vermag.*"[11]

In den Versammlungen des landwirtschaftlichen Vereins machte man sich 1910 auch Gedanken darüber, wie der Kohl gewinnbringend verarbeitet werden könnte, und zeigte sich für Neuerungen offen:

> *„Zu dem Versuch mit der aus Fleisch, Weißkohl und Dörrkartoffeln herzustellenden Wurst, der in Braunschweig im Großen vorgenommen werden soll, wurden 500 Mk. bewilligt. Dieselbe Summe wird der Kreisverein hergeben, der Rest von 2500 Mk. wird durch Anteilscheine aufgebracht."*[12]

In Dithmarschen kamen zunächst zwei Sorten Kohl zum Anbau: der Frühkohl und der Winter- oder Dauerkohl. Später kam noch der sog. Septemberkohl hinzu[13]. Den flächenmäßig größten Umfang nahm im Dithmarscher Anbau vor 1914 der Dauerkohl ein. Er konnte gelagert werden und diente zur Versorgung während der Wintermonate. Die vorherrschende Sorte war dabei der sog. Dänenkohl oder hochstrunkige „Amager". Die zweitgrößte Ausdehnung beim Anbau nahm der Frühkohl ein. Hier wurde zunächst die Sorte „Glückstädter Frühkohl" angebaut. Sie wurde in Dithmarschen alsbald nachgezüchtet und durch Auslese weiter verbessert. Als Sorte „Frühster Dithmarscher" kam sie um 1910 in den Handel. Als dritte Sorte wurde Septemberkohl gepflanzt. Er zeichnete sich vor allem durch große Köpfe und sehr hohe Erträge pro Hektar aus. Dieser Kohl war nur verhältnismäßig kurze Zeit haltbar und diente vor allem als Industriekohl zur Belieferung der Sauerkrautfabriken im Herbst. Durch den Anbau dieser drei Sorten mit ihrer unterschiedlichen Erntezeit war es möglich, den Arbeitskräftebedarf, der für den

Weisskohlsaat!

Empfehle zur nächsten Aussaat sofortige Bestellung des echt dänischen Winterkohls (**Amager**), gezogen auf der dänischen Insel gleichen Namens, unter **Garantie** der Echtheit à Pfd. 10 Mark. Alle anderen Sorten bedeutend billiger.

Trennewurtherdeich b. Marne.

Fritz Claussen.

Abb. 8: Anzeige aus der Dithmarscher Landeszeitung vom 14. Dezember 1905

Kohlanbau notwendig war, gleichmäßiger auf das gesamte Jahr zu verteilen.

Die Frühkohlsamen säte man im Februar in Mistbeeten aus. Die jungen Pflanzen wurden dann bis April unter Glas aufgezogen. Die Bauern kauften die Frühkohlpflanzen in der Regel bei einem der zahlreichen Handelsgärtner[14], die in Dithmarschen seit der Jahrhundertwende die Zucht von Gemüsepflanzen betrieben. Die Setzlinge wurden zu je Tausend gehandelt und kosteten je nach Sorte und jährlichen Verhältnissen zwischen 1,50 Mk. und 8 Mk. und mehr. Zum Teil gab es auch einen überregionalen Handel mit jungen Kohlpflanzen, vor allem, seitdem die Dithmarscher Sorten am Markt bekannt waren. So meldete die „Dithmarscher Landeszeitung" im Juni 1912 über Norderdithmarschen:

„Mit dem Pflanzen und Versenden der Kohlpflanzen ist man zurzeit noch stark beschäftigt. Selbst die Autos dienen als Beförderungsmittel. Täglich gelangen Tausende von Pflänzlingen nach fast allen Gegenden Deutschlands zum Versand."[15]

Vereinzelt übernahmen die Bauern auch selber die Aufzucht der Kohlpflanzen, indem sie Saat kauften oder auch selber Kohlköpfe überwinterten und die Saat gewannen. Ein Pfund Kohlsamen ergab ca. 50 000 bis 60 000 Pflanzen. Auch die Preise für Kohlsamen waren je nach Jahr und Sorte unterschiedlich. Sie konnten vereinzelt bis zu 400 Mk. pro Kilo erreichen[16].

Das Auspflanzen der Frühkohlpflanzen geschah, sobald die Witterung es erlaubte. Der Acker wurde zuvor ca. 35 cm tief gepflügt,

Alle Sorten **Kohlpflanzen** als Glückstädter Frühkohl-, Savoyen-, Rot- und frühe Blumenkohlpflanzen sowie Kohlrabipflanzen, gut abgehärtet, empfiehlt
Wilh. Timm,
Hartenkröge b. Wöhrden.

Bin von jetzt an jeden Freitag mit obigen Pflanzensorten auf dem Wochenmarkt anwesend und halte meine Ware bei Bedarf bestens empfohlen. D. O.

Abb. 9: Anzeige aus der Dithmarscher Landeszeitung vom 25. April 1907

dann geeggt und gewalzt. Mit einer Drillmaschine markierte man das Feld mit Kreuz- und Querlinien, an deren Schnittstellen die Kohlpflanzen gesetzt wurden[17]. Über das Frühkohlpflanzen schrieb Heinrich Clausen 1912 in einem Artikel:

> *„Der Regel nach werden die Pflanzen im Verband gepflanzt und zwar von Arbeitern im Akkord. Die Kosten stellen sich auf 1,50 bis 2 Mk. pro Tausend. In der ersten Zeit werden die eingegangenen Pflanzen regelmäßig durch neue ersetzt. Das Hacken beginnt möglichst früh, ein paar Wochen nach dem Pflanzen, und wird dann etwa alle 3 Wochen wiederholt. Der Kohl muß groß gehackt werden. Man hackt daher nicht allein, wenn Unkraut vorhanden ist, sondern auch wenn der Acker rein ist."*[18]

Der Kohl wurde zumeist zweimal mit einem Hackpflug durchgearbeitet und anschließend mehrfach mit der Handhacke. Durch dieses Hacken beseitigte man nicht nur das Unkraut, sondern erreichte auch insgesamt eine Verbesserung des Bodens. Dies war u. a. ein Grund dafür, warum der Kohlanbau sich innerhalb des Fruchtwechsels auf den Feldern gut machte, da er einen gut bearbeiteten Boden hinterließ. Von den kleinen Pflanzen mußten in der nächsten Zeit Raupen und Insekten möglichst abgesammelt werden. Etwa ab Mai erfolgten dann nacheinander das Auspflanzen des Dauerkohls, der die längste Wachstumszeit benötigte, und dann des Herbstkohls. Diese beiden Kohlarten wurden nicht im Mistbeet gezogen, sondern Ende April auf freiem Land ausgesät. Sie kamen anschließend als sog. Freilandpflanzen in den Handel.

Im Durchschnitt schaffte es eine Person an einem Tag, zwischen 3000 und 4000 Kohlsetzlinge zu pflanzen[19]. Die Pflanzlöcher wurden dabei mit dem Pflanzholz oder dem Spaten gemacht. Pro Hektar rechnete man ca. 32 000 Pflanzen bei einem jeweiligen Abstand von 60 cm. Das Kohlpflanzen geschah in der Regel im Akkord – einem Verfahren, zu dem die Bauern nur gezwungenermaßen griffen, aber:

> *„Während dieser Zeit sind die Arbeitskräfte sehr knapp und teuer, und um dieselben möglichst auszunützen, läßt die überwiegende Mehrzahl der Kohlbauern, wenn auch wegen*

der schlechteren Qualität der Arbeit nach einigem Sträuben, die Pflanzarbeit im Stücklohn ausführen."[20]

Von einer Kohlpflanzmaschine hörte man in Dithmarschen erstmalig im Jahre 1911, als die „Dithmarscher Landeszeitung" in einer Meldung berichtete:

„Eine amerikanische Kohlpflanzmaschine wird demnächst die Firma Nic. Claußen hier einführen. Diese Maschine soll im Stande sein, die Stecklinge in sich aufzunehmen und sie selbsttätig einzupflanzen."[21]

Ob und wann es zum Einsatz dieser Maschine kam, ist nicht bekannt. Zunächst einmal blieb das Kohlpflanzen eine schwere körperliche Handarbeit „mit krummen Rücken", die ohne die Unterstützung von Maschinen gemacht werden mußte.

Kohl gehört zu den Pflanzen, die dem Boden sehr viele Nährstoffe entziehen. Trotz der hohen Bodenqualität in Dithmarschen spielte

Abb. 10: Kohlpflanzen mit dem Spaten, die Kinder helfen mit. Ein Foto aus dem Dieksanderkoog, ca. 1943/44

Abb. 11: Mit solchen Postkarten warb die Düngemittelindustrie für ihre Produkte

daher die Zugabe von Dünger für die Höhe und Qualität der Ernte eine wesentliche Rolle. Zunächst wurde eine Grunddüngung mit abgelagertem, vergorenem Stapelmist auf den Acker gegeben. Frischen Stallmist benutzte man nur selten, da er das Auftreten von Schädlingen wie Kohlfliege und Drahtwurm begünstigte. Anschließend kamen vor allem Phosphorsäure, Kali und Stickstoff als Dünger zur Anwendung. Clausen berichtete 1912 über die übliche Düngung bei Kohl, daß zunächst im Frühjahr 10–14 Zentner Stickstoff pro Hektar in Form von Ammoniak-Superphosphat untergepflügt bzw. eingeeggt wurden. Später kam dann löslicher Stickstoff in Form von Salpeter mehrfach in größeren Mengen aufs Feld. Er wurde als Kopfdüngung für die Setzlinge erstmals ca. eine Woche nach dem Auspflanzen ausgestreut. Bei den weiteren Salpeterdüngungen wurden die Pflanzen dann „individuell" behandelt, d.h. schwächere Pflanzen bekamen eine stärkere Düngung als die bereits kräftigeren. Beim Frühkohl waren zehn und mehr Zentner Chilesalpeter pro Hektar keine Seltenheit[22]. Insgesamt sparten die Dithmarscher Landwirte nach dem Motto „Viel bringt viel" nicht mit Dünger. Boysen zitiert in seiner Untersuchung über den Dithmarscher Kohlanbau eine Äußerung Clausens, die besagt, daß hier in Dithmarschen teils doppelt soviel Dünger ausgestreut würde wie die landwirtschaftlichen Fachschulen und Versuchsstationen empfahlen[23].

Unter der Leitung von Clausen fanden 1912 auch vermutlich erstmals in Dithmarschen Düngungsversuche beim Kopfkohl statt. Auf sechs Versuchsfeldern in Hödienwisch, Neuhof b. Büsum, Hedwigenkoog, Helse und Busenwurther Deich wurde dabei mit unterschiedlichen Stickstofformen gedüngt. Dabei sollte die Frage geklärt werden, ob die teuren Formen des Stickstoffs wie Salpeter und schwefelsaurer Ammoniak nicht auch durch den billigeren Kalkstickstoff zu ersetzen wären[24]. Es stellte sich jedoch heraus, daß eine Düngung mit schwefelsaurem Ammoniak die besten Resultate hervorbrachte.

Die Ernte und der Versand des zuerst reifen Frühkohls begannen ca. ab Mitte Juli und zogen sich bis August hin. Im Oktober kam dann die Ernte- und Hauptversandzeit für den Septemberkohl, der in die Fabriken geliefert wurde. Beim Dauerkohl, dessen Ernte etwa bis Mitte/Ende November abgeschlossen war, richtete sich der Versand je nach den Markt- und Preisverhältnissen.

Die Ernte des Kohls war wiederum eine reine Handarbeit, die mit möglichster Behutsamkeit vorzunehmen war, um Beschädigungen am Kohl zu verhindern, die später zu schnellem Verderb führen konnten. Dies galt vor allem für den zu lagernden Winterkohl. Die Dauerkohlernte im Herbst konnte schwierig werden, wenn die Felder durch den Regen grundlos geworden waren und die Ackerwagen im Schlamm steckenblieben. Man mußte sich dann mit „Schleupen" behelfen, einer Art Schlitten, die auf dem Schlamm rutschten, und damit den Kohl vom Feld an den Weg bringen.

Die Höhe der Erträge unterschied sich bei den einzelnen Kohlarten ganz erheblich. Christian Huesmann nannte 1908 als Durchschnittswerte pro Hektar in Dithmarschen:

Frühkohl	500 Zentner
Herbstkohl	1500–1800 Zentner
Dänischer (Dauer-K.)	900–1000 Zentner[25]

Die Ernten konnten jedoch geringer oder auch noch wesentlich besser ausfallen, wie z. B. beim Herbstkohl, bei dem Erträge von

Abb. 12: *Kohlernte in Dithmarschen in den 1950er Jahren. Der Kohl wird auf einer Schleupe vom Feld geholt*

mehr als 2000 Zentnern pro Hektar vorkamen. Aber auch mit den Durchschnittswerten lag das Dithmarscher Anbaugebiet weit über den Ergebnissen anderer Regionen.

Für den Massenanbau von Weißkohl reichten die einheimischen Arbeitskräfte in Dithmarschen nicht aus. Einen Ausweg fand man, wie bereits zuvor beim Zuckerrübenbau, in der Beschäftigung von ausländischen Saisonarbeitern. Im Gegensatz zu den „Monarchen", den Wanderarbeitern, die vor allem in der Getreideernte an den Dreschmaschinen kurzfristig beschäftigt wurden, mieteten die Bauern für den Kohl- und Gemüsebau Arbeiter für die ganze Saison vom Frühjahr bis Ende November. Die Vermittlung der Saisonarbeiter, die zu einem großen Teil aus dem polnischen Teil Rußlands kamen,

geschah z. T. über die „Deutsche Feldarbeiter-Centralstelle" in Berlin[26]. Zumeist taten sich zu diesem Zweck bis zu fünf Bauern zu sog. Arbeitergenossenschaften zusammen und verpflichteten gemeinsam eine Anzahl von Arbeitern und Arbeiterinnen. Diese wurden während der Saison in „Arbeiterkasernen" untergebracht und erhielten neben freier Unterkunft und Naturallieferungen eine Bezahlung nach Akkordsätzen pro Hektar je nach Art der Feldarbeit[27]. Die Arbeiter standen dann den einzelnen Bauern der Arbeitergenossenschaft zur Verfügung. Bei einigen Tätigkeiten, z. B. beim Pflanzen, setzten die Bauern die Saisonarbeiter in größeren Gruppen auf den Höfen ein. Die Männer zog man zu Gespannarbeiten heran, die Frauen arbeiteten in Kolonnen unter Aufsicht von Vorarbeitern auf dem Feld[28]. Die Zahl der jährlich Verpflichteten stieg bis 1914 immer weiter an. So waren nach einem Bericht des Amtsvorstehers im Mai 1908 im Amtsbezirk Wesselburen insgesamt 116 ausländische Arbeiter beschäftigt[29]. Die Arbeitergenossenschaft Wesselburener Koog meldete davon allein 34 Saisonarbeiter. 1912 gab es bereits 180 und 1913 211 ausländische Saisonarbeiter im Amtsbezirk Wesselburen[30]. In ganz Norderdithmarschen arbeiteten 1913 insgesamt 509 ausländische Saisonarbeiter, davon 277 Männer und 232 Frauen[31]. Nicht alle werden im Kohlanbau gearbeitet haben, aber vermutlich eine sehr große Anzahl. Mit dem Einsatz dieser Saisonarbeiter wurde nicht nur der Arbeitskräftemangel behoben, sondern man hatte auch verhältnismäßig billige Arbeitskräfte gefunden, da den Saisonarbeitern geringere Löhne gezahlt wurden als den einheimischen Arbeitern[32].
Für den Fall, daß die Saisonarbeiter kontraktbrüchig wurden, indem sie die Arbeit verweigerten, den Hof verließen oder sonst in irgendeiner Form auffällig wurden, drohte ihnen die sofortige Ausweisung und Abschiebung aus Deutschland[33]:

„Zwei russische Arbeiter aus Reinsbüttel wurden, weil lästig gefallen, in ihre Heimat zurück transportiert."[34]

Vereinzelt kam es jedoch auch einmal zu massiven Auseinandersetzungen. So berichtete der „Dithmarscher Bote" am 15. Juli 1911:

„Gestern morgen revoltierten in Wesselburnerkoog die russischen Arbeiter. Als am Morgen der Aufseher die Leute zur

Arbeit aufforderte, weigerten sie sich. Nach nochmaliger Aufforderung durch den Vorsitzenden der Arbeitergenossenschaft rissen sie die Pflasterung des Hofes auf und warfen mit den Steinen, wobei der Vorsitzende am Kopf verletzt wurde. Nach herbeigeholter Hilfe gelang es, die Russen zu bewältigen. Drei Rädelsführer wurden in Haft genommen und nach Wesselburen transportiert. Ihre Ausweisung steht bevor. Ein vierter Anführer wird noch gesucht."

Auch Kinder wurden beim Kohlanbau beim Pflanzen und bei der Schädlingsbekämpfung beschäftigt. So gab es an den Wesselburener Schulen Ende Mai/Anfang Juni die sog. Kohlpflanzferien[35]. Üblich war es auch, daß Kinder die Raupen von den Kohlpflanzen ablasen.

„Die guten Jahre sind die schlechtesten"

Dies galt auf jeden Fall für die finanzielle Seite des Dithmarscher Kohlbaus. Ob und wieviel Geld eine Ernte ins Haus brachte, hing beim Kohl einerseits von schwer zu kalkulierenden Faktoren wie Wetter, Angebotsmenge und Verbrauchervorlieben ab. Auf der anderen Seite erforderte der Kohlanbau erhebliche Geldinvestitionen u. a. für Dünger, Arbeit und die Lagerung, so daß der Landwirt ein erhebliches Risiko zu tragen hatte. Boysen stellte in seiner Untersuchung Berechnungen an, nach denen die Bruttoausgaben pro Hektar Kohlacker 400 Mk. betrugen, gegenüber den Hektarkosten beim sonstigen Ackerbau in Höhe von 172,50 Mk[36].

Der Kohlpreis war so enormen jährlichen Schwankungen unterworfen wie wenige andere landwirtschaftliche Erzeugnisse. Hinzu kam, daß der Preis sich auch monatlich je nach Angebot und Nachfrage ständig veränderte. Besonders extrem verlief die Preisentwicklung beim Frühkohl. Hier kam es vor allem darauf an, als erster seinen Kohl am Markte zu haben. Die hohen Preise, die jeweils zu Beginn der Saison Mitte Juli gezahlt wurden, bröckelten dann in den Wochen bis Ende August meist schnell ab. So sank der Preis pro Doppelzentner Frühkohl in Dithmarschen 1909 von 6,– Mk. am 18. Juli auf 1,40 Mk. Ende August. Im folgenden Jahr erhielt man für den ersten Frühkohl am 2. Juli ebenfalls 6,– Mk., Ende August dagegen nur noch 0,60–0,70 Mk.[37]

Abb. 13: Kohlernte im Friedrichskoog im November 1970 bei widrigen Verhältnissen

Für den Dithmarscher Anbau war die Situation besonders kompliziert, weil hier vor allem für den Fernabsatz produziert wurde. Da es in der näheren Umgebung weder eine nennenswerte Verarbeitungsindustrie noch ein größeres Verbrauchergebiet gab, mußte der Kohl landesweit, wo immer sich ein Käufer fand, abgesetzt werden. Hamburg fiel als Absatzgebiet weitgehend aus, da die Stadt aus den umliegenden Gemüsebaugebieten versorgt wurde. Im Normalfall konnte das verkehrsmäßig ganz am Rande liegende Dithmarschen nur schwer mit den günstiger gelegenen Anbaugebieten, beispielsweise im Rheinland, konkurrieren, da die hohen Transportkosten unter Umständen den Preis des Kohls überstiegen. So betrugen die Frachtkosten für einen Waggon Weißkohl (= 200 Zentner) einschließlich der Abfertigung ab Dithmarschen:

nach – Hamburg 57 Mk.
Berlin 123 Mk.
Dresden 178 Mk.
Breslau 200 Mk.
Düsseldorf 156 Mk.
München 244 Mk.[38]

Diesen festen Frachtkosten standen Durchschnittserlöse[39] für je 200 Zentner Kohl gegenüber:

Frühkohl	320 Mk.
Septemberkohl	110 Mk.
Rotkohl	220 Mk.
Wirsing	240 Mk.
Dauerkohl	160 Mk.

Ganz anders sah jedoch die Lage in Jahren aus, in denen andernorts die Ernte, etwa wegen zu großer Trockenheit, schlecht ausfiel. Denn dann gab es in Dithmarschen immer noch Kohl. Aufgrund der hervorragenden klimatischen Bedingungen und der Bodenqualität konnte man hier auch in ungünstigen Jahren mit hohen Erträgen rechnen, die dann zu weit überdurchschnittlichen Preisen abgesetzt wurden. „Legendäre" Kohljahre mit ebenso legendären Preisen wechselten daher mit Jahren, in denen der Kohl zu Spottpreisen zum Verkauf stand oder auf dem Feld untergepflügt wurde.

Das Jahr 1911 gehörte, trotz geringer Ernte auch in Dithmarschen, zu den „großen" Jahren. So notierte die „Dithmarscher Landeszeitung" am 20. August 1911 aus Wesselburen:

> *„Die Kohlpreise steigen in gewaltigem Maße. Ein Arbeiter in Strübbel erhielt für 2½ Scheffel Weißkohl 450 Mk. Johann Witt hierselbst verkaufte den Ertrag von 3 Morgen, reichlich 4 Hektar, für 20 000 Mk. an eine Firma in Leipzig. Solche Preise hat man bisher nicht gekannt."*[40]

Die Saison des Jahres 1911 blieb auch in den kommenden Monaten hervorragend, so daß es Mitte September hieß:

> *„Die Kohlernte in den Marschen ist in diesem Jahre, wo die Preise die zehnfache Höhe des Vorjahres erreicht haben, nur an einzelnen Stellen gut gewesen. Im letzten Herbst waren die Großpreise 75 Pfg., heute sind sie 8 Mk. für den Zentner. Trotz dieser Preise hält es schwer, Ware zu bekommen, weil ganz bedeutende Sendungen nach Großstädten im Süden des Reiches verkauft sind."*[41]

Abb. 14: Auf hölzernen Bauwagen wird der Kohl vom Feld geholt. Foto Dithmarschen 1963

In Einzelfällen wurden in diesem Jahr für den Kohl Preise erzielt, die den Gesamtwert des Ackerlands, von dem er geerntet worden war, weit überstiegen. So erhielt ein Hofbesitzer in Reinsbüttel für die Ernte von drei Morgen Ende November 24 000 Mark[42]. Ernten mit solchen Traumergebnissen führten im darauffolgenden Jahr fast unweigerlich zu einer Ausdehnung der Anbaufläche. Solch ein „Konjunkturanbau" wiederum erhöhte das Angebot, was sich dann zumeist auch im Preis niederschlug. Dem Geldjahr 1911 folgte auch prompt ein sehr viel schlechteres. So erhielt man im November 1912 in Friedrichskoog zunächst für den Zentner Weißkohl zwischen 0,60 und 1 Mk., später sank der Preis dann auf 0,40 bis 0,45 Mk. Mancher Landwirt behalf sich dann anders und benutzte den Kohl lieber in der eigenen Wirtschaft, wie der Hofbesitzer Kahlke:

> „Die Anbaufläche betrug im Vorjahre (1912) 30 ha; da aber der Preis so gering war, konnte die Ernte von nur 5 ha verkauft werden. Es sind dann 70 Ochsen eingestellt, und die ganze Kohlernte wurde verfüttert. Dabei erhielt jedes

Stück 70 kg. auf den Tag, wobei der Kohl mit 70 Pfg. für 100 kg. verwertet wurde."[43]

Der Anbau und Handel mit Kohl war für viele der Beteiligten ein Spekulationsgeschäft. Wie es dabei zugehen konnte, beschrieb eine Zeitungsnotiz 1904:

> *„Ein Wesselburner Gärtner kaufte von einem Landbesitzer in Reinsbüttel eine Waggonladung Kohl für 1,20 Mk. pro Zentner und verkaufte ihn wieder mit 20 Pfg. Verdienst einem Wesselburner Händler, dieser wiederum mit 100 Mk. Verdienst an einen Hofbesitzer in Wesselburnerkoog, der Hofbesitzer mit 200 Mk. Gewinn an einen hiesigen Aufkäufer. Dabei sei bemerkt, daß der so oft verkaufte Kohl noch bei Reinsbüttel auf dem Felde steht."*[44]

In den ersten Jahren nach der Jahrhundertwende erfolgte der Kohlverkauf fast ausnahmslos über Lieferungsverträge mit der Glückstädter Gemüsefabrik oder einer Berliner Firma[45]. Der Landwirt erhielt dann einen vorab festgesetzten Preis. Dies war zwar eine sichere Sache – das große Geschäft in den Ausnahmejahren ließ sich so jedoch nicht machen. Mit der Ausdehnung des Kohlanbaus setzte sich verstärkt der freie Verkauf durch, wobei sich der Preis nach Angebot und Nachfrage regelte. Einen Abnehmer für ihren Kohl fanden die Bauern zumeist bei den einheimischen Kohlhändlern. Dies waren zumeist ehemalige Getreide- oder Viehhändler oder auch Gemüsegärtner, wie z.B. der „Pionier" Eduard Laß, der einen schwunghaften Gemüsehandel betrieb. Der Kaufabschluß über die Kohlpartie erfolgte auf dem Hof oder in bestimmten Wirtschaften, später auch häufig per Telefon. Diese einheimischen Versandgroßhändler übernahmen fast die gesamte Kohlernte Dithmarschens[46]. Nur einige Großbetriebe, wie der Osterhof, verkauften direkt an Abnehmer. Neben den einheimischen Großhändlern gab es auch auswärtige Händler, die mit den Bauern ins Geschäft zu kommen suchten. Dies geschah vor allem in Jahren, in denen der Kohl andernorts knapp war.

Die Lieferverträge, bei denen schon vor der Ernte zu einem festen Preis abgeschlossen wurde, blieben vor allem in größerem Umfang

Abb. 15: Anzeige aus der Dithmarscher Landeszeitung vom 18. Januar 1912

beim weniger lagerfähigen Herbstkohl in Gebrauch, mit dem die Sauerkrautfabriken beliefert wurden. Schätzungen besagten, daß in der Zeit vor dem Ersten Weltkrieg in Dithmarschen insgesamt ca. 15–20 % der Erträge zu festen Preisen verkauft wurden[47].

Dithmarscher Weißkohl wurde überwiegend im Fernabsatz in alle Gegenden Deutschlands, nach Österreich und in die Schweiz versandt. Als gute und sichere Abnehmer galten die Großstädte Berlin, München, Dresden und Leipzig[48]. Der Absatz richtete sich jedoch, wegen der hohen Transportkosten, in starkem Maße nach den jährlichen Preisverhältnissen. In einzelnen Jahren aber ging fast die gesamte Ernte in eine Region. So beispielsweise 1902, als der überwiegende Teil des Dithmarscher Kohls nach Liegnitz in Schlesien in die dortigen Sauerkrautfabriken verkauft wurde. Kleinere Mengen des Kohls schickte man aber auch schon einmal auf eine größere Reise. So wurden 1902 40 Waggons Frühkohl nach Finnland verkauft[49]. 1908 hieß es, daß Dithmarscher Kohl per Schiff von Lübeck nach Rußland verschickt worden sei. Meldungen wie die folgende aus dem Jahre 1913 blieben jedoch die Ausnahme:

„Der Kohlversand aus der Marsch nimmt immer größere Dimensionen an, jetzt wird Rot- und Weißkohl sogar nach Nord- und Südamerika exportiert. Nach eingegangenen Nachrichten ist das Gemüse dort wohlbehalten angekommen."[50]

Der Transport des Kohls an seinen Bestimmungsort geschah vor dem Ersten Weltkrieg fast ausnahmslos mit der Eisenbahn. Bahnanschlüsse gehörten zu den Voraussetzungen, daß der Kohlanbau in Dithmarschen im großen Stil überhaupt betrieben werden konnte. Der Kohl wurde von den Bauern mit Wagen an die Verladestationen gebracht und hier vom Händler übernommen. Bei den benutzten Kastenwagen waren oben Bretter aufgesetzt, um die Ladefähigkeit zu vergrößern. Feldbahnen, wie sie im Glückstädter Raum seit den 1890er Jahren verstärkt in Gebrauch waren[51], um den Kohl schneller und einfacher bergen zu können, gab es in Dithmarschen offenbar nur wenige. Bekannt ist, daß auf dem Gut Osterhof auf den Klinkerchausseen feste Gleise für eine Spurbahn lagen und weitere sechs km verlegbarer Feldbahngleise für die Feldarbeit vorhanden waren[52]. Insgesamt ist davon auszugehen, daß der Kohlanbau in den entsprechenden Gegenden einen sehr förderlichen Einfluß auf die häufig schlechten Straßenverhältnisse der Marsch hatte. Wegen des Kohltransports wurde der Ausbau vieler Straßen unumgänglich.

Am Bahnhof hatten die Bauern in der Regel pro Kohlfuder einen Ablader zu stellen, die übrigen Hilfskräfte zum Verladen stellte der Händler[53]. Der Transport erfolgte in der Regel in geschlossenen Waggons, die bei Frostgefahr noch zusätzlich innen mit Stroh gepolstert waren. Ein Waggon faßte durchschnittlich ca. 200 Zentner Kohl. Als nach der Jahrhundertwende der Kohlanbau besonders im Bezirk Wesselburen sprunghaft zunahm, waren die Gleisanlagen und Verladeeinrichtungen zunächst zu klein, was zu erheblichen Schwierigkeiten beim Versand führte. So hieß es im „Dithmarscher Boten" im November 1905:

> *„Der Wagenmangel nimmt wirklich bedenkliche Dimensionen an. Am Donnerstag fehlten z. B. auf unserer Strecke rund 50 Wagen, heute sind für die Station Wesselburen allein 68 Wagen (einschl. Rübenwagen) angefordert. Von heute ab ist eine weitere Rangiermaschine eingestellt, auch fährt bei Bedarf jetzt ein zweiter Güterzug. Die Anlagen auf unserer Station würden sich als viel zu klein erwiesen haben, wenn alle angeforderten Wagen gestellt worden wären. Auf den kleineren Stationen sind gar nicht so viele Wagen unterzubringen, als gefordert werden."*[54]

Der Mangel an Transportwagen führte u. U. zu ein- bis zweitägigen Verzögerungen beim Kohlversand, was der Qualität des Kohls nicht bekam. Oft mußten dann die äußeren Kohlblätter entfernt werden. Dies bedeutete Mehrarbeit und zudem einen Gewichtsverlust[55].

Trotz der Erweiterung der Bahnanlagen blieb der Transport besonders in den Stoßzeiten nicht ohne Probleme. Mit Eingaben und Verhandlungen bemühten sich die Landwirte vor allem auch um eine generelle Beschleunigung der Transporte. Mit Erfolg, denn ein Wagen mit Kohl brauchte vom Osterhof nach Bayern jetzt nur noch zwei Tage, gegenüber fünf bis sechs Tagen früher, wie R. Kahlke aus dem Hedwigenkoog auf einer Versammlung des landwirtschaftlichen „Casinos" in Wesselburen berichtete[56]. Die Zahl der abgehenden Waggons stieg in den Jahren vor dem Ersten Weltkrieg immer weiter und führte zu chaotischen Zuständen auf den hoffnungslos überlasteten Bahnstrecken. So schrieb der „Dithmarscher Bote" 1911:

> *„Seitdem der Anbau von Gemüse sich bei uns in gewaltigem Maße steigerte, kann von einem geordneten Frachtverkehr auf der Strecke Büsum – Heide keine Rede sein. Ist es doch einzelnen Stationen absolut unmöglich, die Zahl der angeforderten Wagen überhaupt unterzubringen, und doch gibt es Tage, an denen allein gegen 150 Waggons Weißkohl von hier über Heide nach dem Süden abgehen."*[57]

Ein Bericht aus dem Jahre 1913 sprach von 8000 bis 10 000 Waggons, die allein aus dem Bezirk Wesselburen während einer Saison abführen[58]. In seiner Untersuchung zur Entwicklung des Dithmarscher Kohlanbaus hat Harald Boysen statistische Berichte der Eisenbahnverwaltung in Altona ausgewertet. Die Zahlen zeigen die Entwicklung der Kohlausfuhr von Dithmarscher Verladestationen in der Zeit bis 1913 und belegen die rasante Entwicklung des Kohlanbaus innerhalb nur weniger Jahre:

Kohlausfuhr aus Dithmarschen[59]

1894	863 Tonnen	1895	1 218 Tonnen
1896	1 752 Tonnen	1897	3 650 Tonnen
1898	3 853 Tonnen	1899	6 197 Tonnen

1900	9 631 Tonnen	1901	22 666 Tonnen
1902	12 800 Tonnen	1903	11 607 Tonnen
1904	17 950 Tonnen	1905	40 649 Tonnen
1906	48 412 Tonnen	1907	27 241 Tonnen
1908	38 900 Tonnen	1909	48 253 Tonnen
1910	54 221 Tonnen	1911	70 050 Tonnen
1912	92 253 Tonnen	1913	97 095 Tonnen

Sofern der Kohl durch Anbau- oder Lieferverträge nicht bereits verkauft war, gab es für die Bauern die Möglichkeit, den Winterkohl einzulagern und ihn je nach Höhe der Preise im Verlauf der nächsten Monate günstig zu verkaufen. Eingelagert wurde in Dithmarschen bis zum Ersten Weltkrieg fast ausschließlich in Erdmieten. Nur in wenigen Ausnahmefällen benutzte man Scheunen als behelfsmäßige Lager. Bei den Erdmieten wurden die Kohlköpfe in Reihen zu je vier, drei und zwei Köpfen mit dem Strunk nach unten gestapelt und dann mit einer Schicht Erde bedeckt. Auf diese Weise konnte der Kohl unter günstigen Witterungsbedingungen bis März oder gar April des folgenden Jahres überwintern[60]. Zu den Nachteilen dieser Einlagerung zählte vor allem, daß man einerseits bei Frost die Mieten nur schwer öffnen konnte, da das Erdreich gefroren war, und andererseits bei milder Witterung die Erdschicht zu dicht war, so daß der Kohl anfing zu faulen. Bei diesen Erdmieten trat bei langer Lagerzeit ein Verlust von bis zu 50 % ein. Bei einer weniger arbeitsintensiven Form des Einmietens wurde der von den losen Blättern befreite Kohl auch in Reihen gestapelt und nur von der Seite mit etwas Erde beworfen. Von oben konnte er je nach Witterung mit Stroh abgedeckt werden. Auch bei dieser Lagerung, die nur für kürzere Zeit – etwa bis Ende Januar – möglich war, mußten Verluste von durchschnittlich 30 % einkalkuliert werden. Der eingemietete Kohl wurde vor dem Verkauf noch geputzt, d. h. sortiert und von faulen Blättern befreit. Diese Arbeit brachte vor allem den einheimischen Landarbeitern, aber auch den im Winter arbeitslosen Handwerkern wie Maurern und Zimmerleuten Verdienstgelegenheiten während einer ansonsten verdienstarmen Zeit. Gearbeitet wurde im Tagelohn für etwa 2,70 Mk. bis 3,– Mk. oder im Akkord, wobei 4 Mk. und mehr verdient werden konnten[61].

Im Wettbewerb mit der niederländischen Konkurrenz um den deutschen Markt kam es vor allem auch darauf an, wer die bessere

Abb. 16: Kohllagerung in einer Scheune – ein aufwendiges Verfahren, das nur bei kleinen Mengen möglich war

Qualität in der Lagerhaltung beim Kohl besaß. Die niederländischen Gemüsebauern, vor allem aus der Provinz Nordholland, beherrschten mit ihren Kohllieferungen den grenznahen Markt im Rheinland und in den Industriestädten des Ruhrgebiets. Durch die geringeren Entfernungen und vor allem durch den intensiven Anbau in kleinen Betrieben waren die Niederländer in der Lage, den Kohl zu niedrigen Preisen und in einer besseren Qualität zu liefern. Die Überlegenheit des niederländischen Gemüsebaus gründete sich auf die genossenschaftlichen Absatzorganisationen mit ihren Gemüseversteigerungen und vor allem auf die sorgfältige Lagerhaltung des Kohls in besonderen Kohlscheunen. Ein deutscher Beobachter beschrieb 1906 in begeisterten Worten die holländische Anbauweise, die er als vorbildlich für Deutschland empfand:

> *„Solche Kohlscheune wäre wirklich wert, als Modell nach Deutschland herübergebracht zu werden. Man ist versucht, sich eine Kohlscheune als einen dunklen, feuchten Bergplatz zu denken, wo der Kohl in großen Haufen zusammengeworfen ist und wo durch die abfallenden und faulenden Blätter eine fürchterliche Luft verbreitet wird. Das ist durchaus irrig. Bei den kleinsten und ärmsten Kohlbauern (auf etwa 1½ ha) ist die Scheune oft die zweite Hälfte des Wohnhauses. Bei etwas größeren Bauern ist es ein besonderes Gebäude, das fast überall nach demselben Modell aufgerichtet wird. Eine mittelgroße Kohlscheune hat Raum für etwa 26 000 Stück Kohl, der in zwei Etagen liegt. Der Preis solcher Scheune, die massiv aufgeführt ist, beträgt etwa 2500 Mk. Der Kohl ist in Stößen rechts und links aufgestapelt, so daß zwischen beiden Stapeln ein Fußpfad bleibt; er wird so aufgesetzt, daß man durch Abzählen der Anzahl Köpfe auf den Kanten des Stapels den Inhalt ziemlich sicher angeben kann. Vom Morgen bis zum Abend wird in der Scheune gearbeitet. Der Kohl wird umgestapelt, die schlechten Blätter werden abgeschnitten, die kranken Köpfe herausgenommen und, ist der ganze Haufen durchgearbeitet, so wird wieder von vorn begonnen. Man rechnet, daß ein Mann Tag für Tag in der Scheune zu tun hat, wenn er für 10 000 Stück Kohl zu sorgen hat. Das Bergen des Kohls in*

diesen Scheunen ist eine Art spekulativen Geschäfts. Man hält den Kohl so lange, bis die Preise hoch gestiegen sind, und verkauft ihn dann etwa im Januar oder Februar, zum allergrößten Teile nach Deutschland."[62]

Es sollte noch Jahrzehnte dauern, bis diese Form der Kohlscheune auch in deutschen Anbaugebieten Eingang fand. Vor dem Ersten Weltkrieg gab es lediglich eine Versuchskohlscheune der schlesischen Landwirtschaftskammer in Liegnitz sowie eine von einem Gärtner in Weener bei Emden betriebene Kohlscheune[63]. Der erste Versuch mit einer Scheune nach holländischem Muster in Dithmarschen erfolgte offenbar im Jahre 1915. Die Ergebnisse befriedigten jedoch nicht, denn es hatte beim Kohleinlagern größere Verluste gegeben als beim üblichen Einmieten des Kohls[64].

Die Vorteile einer optimalen Scheunenlagerung, nämlich die Zugriffsmöglichkeit bei jeder Witterung und die hohe Qualität der Ware, machten die Holländer zu überlegenen Konkurrenten. Beträchtliche Mengen Kohl wurden jährlich aus den Niederlanden nach Deutschland exportiert. Die Haupteinfuhrzeit lag dabei zwischen Januar und April. Die perfekte Lagerhaltung ermöglichte es den Holländern abzuwarten, bis die deutschen Bauern gezwungen waren, ihren Kohl abzusetzen, um danach den deutschen Markt der jeweiligen Nachfrage entsprechend zu beliefern. Ein Einfuhrzoll, der seit 1906 mit 2,50 Mk. pro Zentner erhoben wurde, verringerte die Einfuhren nicht. Dauerkohlimporte gab es daneben in kleinerem Umfang auch aus Dänemark. Von Mai bis Juli jeden Jahres lieferten darüber hinaus Frankreich und Italien größere Mengen Frühkohl nach Deutschland.

„Daß sie von dem Sauerkohle eine Portion sich hole"

Der Kohl der Witwe Bolte stammte vermutlich nicht aus Dithmarschen. Als Wilhelm Busch 1865 seine Bildergeschichte „Max und Moritz" veröffentlichte, dachte dort noch niemand an Weißkohlfelder. Die lebenden Vorbilder der geplagten Witwe zogen ihren Kohl noch im Garten und machten dann im Herbst ihren Sauerkohl selber ein. Ganz anders war die Situation etwa eine Generation später. Um die Jahrhundertwende kam schon ein ganz beträchtlicher Anteil des vielgerühmten deutschen Sauerkrauts aus der Fabrik. Und an eben diese Fabriken verkauften Dithmarscher Bauern im Herbst einen großen Teil ihres Weißkohls. Grund genug, einmal einen kurzen Blick auf die Sauerkrautgeschichte zu werfen.

> „Und dann das edle Sauerkraut,
> Wir dürfen's nicht vergessen,
> Ein Deutscher hat's zuerst gebaut,
> Drum ist's ein deutsches Essen
> Wenn so ein Fleischchen weich und mild
> Im Kraute liegt, das ist ein Bild
> Wie Venus in den Rosen"

Nun verspeisten die Deutschen zwar eine Menge Sauerkraut, und viele werden die Wertschätzung Ludwig Uhlands teilen, der hier in seinem „Metzelsuppenlied" das Lob des Sauerkrauts singt – nur eine deutsche Erfindung war das Sauerkraut wohl nicht.

Das Verfahren, aus Weißkohl mit Hilfe der Milchsäuregärung ein über Monate haltbares Wintergemüse zu machen, ist sehr alt. Die Technik gelangte vermutlich aus dem römischen Kulturkreis nach Mitteleuropa und wurde dann durch die Klöster, die auf dem Gebiet der Nahrungsmittelzubereitung sehr erfinderisch waren, weiter in der Bevölkerung verbreitet.

Bei der Kohlkonservierung lassen sich zwei Verfahren unterscheiden. Einmal gibt es das sog. Komst- oder Kumstkraut, zum anderen das bekannte geschnittene Sauerkraut. Beim Kumstkraut werden

Abb. 17: Das Sauerkrautfaß stand bei Witwe Bolte im kühlen Keller

ganze oder geviertelte Kohlköpfe gebrüht und in Essig oder Salz eingelegt. Dieses Verfahren gilt, nach wortgeschichtlichen Untersuchungen, als die ältere Methode[1]. Sie wurde jedoch auch noch in späteren Jahrhunderten verwandt. Die „Oekonomisch-technologische Encyklopädie" von Krünitz beschrieb 1788 beispielsweise solch eine Zubereitungsart:

> „Man hat noch eine Art von Sauer-Kohl, welcher Komst, Kumst, Gumpest, Gumpes, Komst-Kraut, Komst-Kohl oder Kumps-Kraut, genannt wird. Es werden nämlich von dem weißen Sommer oder Winter-Kohle, die kleinen Häupter in vier oder mehr längliche Theile zerschnitten, in Wasser gekocht, und hernach, wenn sie kalt geworden sind, in kleine Fässer mit Salz, Kümmel, Dill und Wacholder-Beeren eingelegt, und zum Gähren gebracht. Endlich gibt es auch noch eine Art, Kopf-Kohl einzumachen, die mit dem Komst- oder Kumps-Kohle Aehnlichkeit hat. Es werden nämlich von kleinen Kohl-Köpfen die äussern Blätter abgenommen, die Köpfe in zwey oder vier Theile geschnitten, und von diesen die Strünke oder Rippen, nach der Länge herausgeschnitten, doch so, daß die Theile noch zusammen bleiben. Der Kohl wird sodann auf eine kurze Zeit in siedendes Wasser gelegt. Hernach nimmt man ihn heraus, und legt ihn in ein an dem einen Boden offenes Fäßchen. Der Boden wird sodann wieder eingesetzt, und das Fäßchen fest verschlossen. Durch das Zapfen-Loch, welches an dem einen Boden seyn muß, gießt man halb Wein und halb Wasser hinein, nachdem zuvor ein wenig Salz und Sauerteig darin zerlassen worden ist, schlägt das Zapfen-Loch des Fäßchens zu, und legt es auf den Boden des Kellers hin, wo man es fleißig umkehren muß, daß die untere Seite mit der oberen abwechsele. Wenn aber ein solches Fäßchen einmahl aufgethan worden ist, muß man den Kohl bald hintereinander weg kochen, weil er sodann nicht mehr lange dauert."[2]

Die heute bekannte Form des Sauerkrauts als geschnittener, mit Salz eingelegter Kohl setzte sich offenbar in größerem Umfang erst seit dem 15. Jahrhundert durch[3]. Das geschnittene „feine" Sauerkraut scheint zunächst auch vor allem eine Speise der Vornehmen gewesen zu sein. In dem Versepos „Meier Helmbrecht" von Wernher dem Gartenaere, das um die Mitte des 13. Jahrhunderts erschien, stellte der Verfasser die einfache Kost der Bauern – Wasser, Hafer, Roggen und Grütze – den aristokratischen Speisen gegenüber. Dazu zählte für den Autor neben Wein, Pastete, Gebratenem, Fisch, Weißbrot und Käse auch das fein geschnittene Weißkraut[4].

Sauerkraut wurde jedoch bald zum Inbegriff des einfachen Essens, vor allem geeignet für den „gemeinen" Mann und den wohlgeordneten bürgerlichen Haushalt.

Eigentlich konnte die Technik der Zubereitung als bekannt vorausgesetzt werden. Doch, wie einem Ratgeber für den Haushalt von 1778 zu entnehmen ist, gelang das Sauerkraut nicht immer:

> *„So gemein aber der saure Kohl in unsern Häusern ist, so wenig findet man ihn doch in seiner eigentlichen Güte, vermöge deren er einen recht kräftigen Geschmack haben muß. Meistens schmeckt er sehr matt und latschicht. Bald geräth er den besten Hausmüttern sehr wohl, bald gar nicht, ohne daß sie wissen, woran die Schuld im letzten Falle eigentlich liege."*[5]

Was also hatte die Hausmutter zu tun? Zunächst galt es, den Kohl zu zerschneiden. Dazu bediente man sich eines sog. Krauteisens oder Salateisens, ein glattes Brett, das in der Mitte mit einer Öffnung und einem schrägstehenden Messer versehen war. Der Kohlkopf wurde in zwei Hälften geschnitten und jeweils, von der Schnittfläche angefangen, auf dem Hobel in feine Streifen geschnitten. Für größere Mengen gab es den Kraut- oder Kohlhobel. Dieser bestand aus einem großen Brett mit einer großen Öffnung in der Mitte, über der in kurzem Abstand mehrere Messer quer angebracht waren. Das Brett war an zwei Seiten mit eingekerbten Leisten versehen, zwischen denen, ähnlich einer Schublade, ein bodenloser Kasten mit Kohlköpfen über die Messer geschoben wurde. Wenn „feines" Sauerkraut bereitet werden sollte, hörte man mit dem Hobeln auf, sobald man gegen den Strunk kam. Denn die feinen Unterschiede waren es, auf die es beim Sauerkraut ankam:

> *„Man muß diesen Umstand wohl bemerken, wenn der saure Kohl meist Gastspeise vorstellen soll, und daher mit dem Abhobeln einer Kohlhälfte lieber zu frühe als zu späte aufhören; und wenn noch etwas abgehobelt werden kann, solches allenfalls nur für die Gesindeküche thun; da es bey dem sauern Kohle des Gesindes und gemeinen Mannes eben damit so genau nicht genommen wird: indem der Bauer wohl gar seinen Kohl mit einem Stampfeisen nur klein stampfet, oder mit dem Messer klein schneidet, ohne um die Figur bekümmert zu seyn. Aber letztere kömmt bey dem herrschaftlichen Tische gar sehr in Anschlag, da 1) der Kohl recht feine schmale und durchaus nicht dicke, 2) auch die möglichst längsten Striemlein haben muß, die durchaus nicht ein Dreyeck, Viereck, u.s.w. wie bei dem Sauerkraut des gemeinen Mannes vorstellen."*[6]

Die Dicke der Kohlstreifen hat, abgesehen vom Aussehen, auch etwas mit dem späteren Geschmack des Sauerkrauts zu tun: Je dünner die Streifen sind, desto besser gerät später die Gärung.

Wichtig war die Qualität des Fasses, worin der Kohl eingelegt werden sollte. Es mußte sauber und vor allem dicht sein, damit später nicht die Sauerkrautlake, der Saft, ausfließen konnte. Sehr gerne wurden alte Weinfässer verwandt, da sie dem Sauerkraut einen guten Geschmack mitgaben und außerdem durch die im Holz vorhandene Weinsäure die Kohlsäuerung verbesserten. Es durften jedoch nur Weißweinfässer sein, da bei Rotweinfässern der Kohl eingefärbt worden wäre. Im 19. Jahrhundert benutzte man bei kleineren Mengen für den Haushalt auch Steinguttöpfe. Die Kohlstreifen wurden dann mit Salz vermengt und mit verschiedenen Gewürzen und Zutaten versehen. Je nach Region und Geschmack kamen Kümmel, Dillsamen, Wacholderbeeren, Senf, Äpfel, zerschnittene Quitten oder Weintrauben mit in den Kohl. Der Kohl kam lagenweise in das Faß und mußte jeweils mit einem Stampfer fest zusammengepreßt werden. Sofern kein Weinfaß benutzt wurde, tat man zum Kohl zuweilen noch ein „Ferment" hinzu, um die Gärung zu verbessern. Dafür eigneten sich Weinessig, saurer Wein, in Wasser gelöster Sauerteig oder auch unverdorbene Sauerkrautlake aus einem alten Faß. Um die Gärung in Gang zu setzen, mußte das Faß zunächst an einem etwas wärmeren Ort stehen. Erst später lagerte man es dann an einem kühlen Platz.

Während der Wintermonate mußte darauf geachtet werden, daß das Faß nach der Entnahme von Sauerkraut wieder gut verschlossen wurde und daß immer genügend Lake vorhanden war.

In Gegenden mit einem hohen Sauerkrautverbrauch, vor allem in Süddeutschland, übernahmen häufig umherziehende „Krautschneider" den Weißkohleinschnitt für die einzelnen Haushalte. So hieß es 1863 in einer Beschreibung der Stadt München über das dort sehr geschätzte Sauer- und Rübenkraut:

> *„Sie bildeten früher mit wenigen Ausnahmen, da sie sich sehr leicht aufbewahren lassen, fast das ständige Gemüse des gemeinen Mannes und sind auch, wenn gut zubereitet, gesund und schmackhaft. Viele Familien liessen und lassen sich von den sogenannten Krautschneidern ansehnliche Vorräthe im eigenen Haus zurichten, und bewahren sie im Keller das Jahr hindurch zum Gebrauche auf."*[7]

Es gab auch mancherorts die Möglichkeit, den Kohl gleich auf dem Markt schneiden zu lassen, wo der Händler neben seinem Verkaufsstand gleich Krauthobel stehen hatte[8]. Die Gewohnheit, Sauerkraut selber im Haushalt herzustellen, hielt sich vielerorts bis in die Mitte unseres Jahrhunderts. Nach Schätzungen Werner Mencks legte Anfang der 1930er Jahre noch etwa ein Drittel der Bevölkerung, vor allem auf dem Lande und in den kleinen Städten, ihren Bedarf an Sauerkraut selber ein[9].

Das Einmachen von Sauerkraut wurde jedoch nicht in allen deutschen Regionen mit gleicher Intensität betrieben. Weit verbreitet war es vor allem in Süddeutschland, im Rheinland, in Sachsen, Schlesien und Ostpreußen. Deutlich geringer war die Neigung zum Sauerkraut im Norden Deutschlands, was aber nicht heißen soll, daß es unbekannt gewesen wäre.

So gab es beispielsweise in Mecklenburg das weitverbreitete Gericht des „Suern Kohl un Klump", Sauerkraut mit einem Hefekloß. Und über Bremen schrieb ein Beobachter 1836, daß dort im Winter vorzugsweise neben verschiedenen Kohl- und Winterrübenarten auch der „saure Kohl" sehr geschätzt werde[10].

In Schleswig-Holstein allerdings scheint das Sauerkraut bis ins 19. Jahrhundert hinein wenig populär gewesen zu sein. So bemerkte der Schleswiger Gärtner Johann Kaspar Bechstedt in seinem Buch über den Küchengartenbau 1795, daß das Sauerkraut bis dahin nur wenig bekannt war[11]. Und als J. H. Dau 1823 eine Naturbeschreibung der Kremper Marsch lieferte und dabei auf den Anbau von Weißkohl zu sprechen kam, betonte er extra als Besonderheit, daß dieser Kohl in „Deutschland", was wohl südlich der Elbe heißen sollte, zu Sauerkraut verarbeitet werde[12].

Nun gab es aber sicherlich Ausnahmen von dieser Sauerkrautabstinenz. Auch Schleswig-Holsteiner aßen Sauerkraut und produzierten es selbst, wie eher zufällige Nachweise andeuten. So erwarb der Lübecker Kaufmann Jacob Behrens d. Ä. im Dezember 1794 für seinen Haushalt „einen Kohl Hoebel von Eschen Holtz 4 Fuß lang". Die Kosten dafür in Höhe von sieben Mark Courant trug er in sein Haushaltungsbuch ein[13]. Im Oktober desselben Jahres vermerkte er dort die Ausgabe von 2 Mark 12 Schilling für 1½ Schock weißen Kohl, den er gekauft hatte.

In der zweiten Hälfte des 19. Jahrhunderts fand das Sauerkraut dann in Schleswig-Holstein eine etwas größere Verbreitung. Die Zahl der Kaufläden wuchs seit dieser Zeit, und es gab dort in zunehmendem Maße das in Fabriken gefertigte Sauerkraut „aus dem Faß" zu kaufen. Wenigstens seit der Jahrhundertwende warben verschiedene Kaufleute in Dithmarscher Zeitungen mit „Frisch eingetroffenem Magdeburger Sauerkraut".

In Lübeck soll das Sauerkraut bis 1870 nicht „volksüblich" gewesen sein[14]. Und daran scheint sich bis zum Ersten Weltkrieg auch

Abb. 18: Im Herbst warben Kaufleute für den „neuen" Sauerkohl aus Magdeburg. Anzeige aus der Dithmarscher Landeszeitung vom 29. Oktober 1905

nicht allzuviel geändert zu haben, wenn man dem Bericht der Lübekker Schriftstellerin Ida Boy-Ed folgt. In ihrem „Kriegskochbuch" schrieb sie 1915:

> *„Gewisse Speisen haben sich ja im Zeitalter des Verkehrs neue Bezirke erobert. Man kannte und aß z. B. in Nordwestdeutschland früher kaum Sauerkraut (meine Kriegskinder, aus Arbeiterfamilien stammend, hatten es noch nie gegessen und mochten es nicht. Ein so bekömmliches und infolge der Milchsäure, die es enthält, so gesundes Nahrungsmittel war also den Leuten ganz fremd). Jetzt wird es, gerade in besseren Kreisen, viel gegessen."*[15]

Nun kam das Sauerkraut während des Ersten Weltkriegs nicht nur in Schleswig-Holstein zu Ehren. Die katastrophalen Ernährungsverhältnisse ließen es wohl überall zu einem begehrten Nahrungsmittel werden (siehe unten). Da das Sauerkraut auch zur Heeresverpflegung gehörte, erhielten die Deutschen den Spitznamen „Krauts". US-amerikanische Soldaten brachten diese wenig schmeichelhafte Benennung auf[16].

Die Neigung der Deutschen zum Sauerkraut erschien vor allem den westeuropäischen Nachbarn schon länger als eine merkwürdige Sitte. So beschrieb die französische „Encyclopedie" 1780 die Herstellung des Sauerkrauts und betonte, wie beliebt diese Speise bei den Deutschen sei. Fremde allerdings, so das Lexikon, hätten Schwierigkeiten, Geschmack an diesem Gericht zu finden[17]. Der bekannte englische Karikaturist James Gillray porträtierte 1803 auf drastische Art eine Tischrunde sauerkrautessender Deutscher. Diesem von außen herangeführten Bild des Sauerkraut-Deutschen stand aber auch vor allem im 19. Jahrhundert ein entsprechendes Selbstbild der Deutschen gegenüber. Das Sauerkraut wurde dabei als urdeutsches und charakteristisches Gericht vereinnahmt. So schrieb Ludwig Börne 1822 ironisch kokettierend:

> *„Das Sauerkraut ist ein echt deutsches Essen; die Deutschen haben es erfunden und lieben und pflegen es mit aller Zärtlichkeit, welcher sie fähig sind. Wenn Luden in seiner vortrefflichen deutschen Geschichte von unserem Vater-*

lande sagte: es gehöre zu den schönsten Ländern, welche die Sonne begrüßt in ihrem ewigen Laufe. Köstlich für den Anblick, erheiternd für das Gemüt, bringt Deutschland alles hervor, was der Mensch bedarf zur Erhaltung und zur Förderung des Geistes – so dachte er gewiß an das Sauerkraut. Er hätte es aber gerade heraus sagen sollen, denn weil er es nicht getan, haben viele diese Stelle gar nicht verstanden."[18]

Daß Heimweh auch durch die Nase geht, bewiesen gerade deutsche Emigranten wie Börne und Heinrich Heine. Sauerkraut wurde zu einem Symbol für die Heimat:

*„Der Tisch war gedeckt. Hier fand ich ganz
Die altgermanische Küche.
Sei mir gegrüßt, mein Sauerkraut,
Holdselig sind deine Gerüche!"*[19]

Abb. 19: So sah der englische Karikaturist James Gillray 1803 die deutschen Sauerkrautesser

Als Erinnerung an die Heimat bekamen solche typischen Gerichte auch einen ganz besonderen Stellenwert. Einerseits vermittelten sie so etwas wie Heimatgefühl, andererseits wurden diese Speisen dann auch zu einer Art Erkennungszeichen. So erhielten die im 19. Jahrhundert nach Pennsylvanien ausgewanderten Deutschen während des amerikanischen Bürgerkriegs auch den Namen „Sauerkraut Yankees"[20].

Aber auch in Europa ernteten die Deutschen Spott für ihre Vorliebe. Alexandre Dumas gab 1873 Reisenden die folgende Warnung mit auf den Weg:

> *„In Italien wird man sofort ermordet, wenn man die Schönheit der Italienerinnen anzweifelt, in England, wenn man sich über die vielgepriesene englische Freiheit lustig macht, und in Deutschland, wenn man zu leugnen wagt, daß Sauerkraut eine Speise für Götter sei."*[21]

Sauerkraut aus der Fabrik – Die Anfänge der Sauerkrautindustrie

Sauerkraut wurde nicht nur im Haushalt selber hergestellt, sondern wenigstens seit dem ersten Drittel des 18. Jahrhunderts auch in verschiedenen Orten in größerer Menge produziert und verkauft[1]. Ein Zentrum für dieses Gewerbe war vor allem Magdeburg:

> *„Trockne Hülsenfrüchte, sauren Kohl, Sellerie und märkische Rüben erhalten wir zu Wasser von Magdeburg und Berlin..."*,

hieß es 1801 in einer Beschreibung Hamburgs[2]. Das „Magdeburger Sauerkraut" wurde im 19. Jahrhundert zu einem festen Markenzeichen für fertig im Handel zu kaufendes Sauerkraut. Je nach Beimengung unterschied man drei Sorten: den gewöhnlichen Sauerkohl, Sauerkohl vermischt mit Weintrauben-Beeren und Sauerkohl mit Borsdorfer Äpfeln[3]. Auch aus Erfurt und Stralsund werde Sauerkraut „in alle Weltgegenden und in sehr großen Massen" ausgeführt, wie eine Untersuchung aus dem Jahre 1868 feststellte[4].

Die gewerbliche Produktion von Sauerkraut in größeren Betrieben begann in der zweiten Hälfte des 19. Jahrhunderts, sieht man einmal von vereinzelten Vorläufern ab. Die Industrialisierung und die zunehmende Verstädterung des Lebens schufen hierfür die Voraussetzungen. Während 1871 noch fast zwei Drittel der Bevölkerung auf dem Lande lebte, so waren es 1910 nur noch 40 %. Dagegen stieg die Zahl derjenigen, die in Städten mit mehr als 20 000 Einwohnern lebten, im selben Zeitraum von 17,3 % auf 56 %. Die Großstädte

Abb. 20: Anzeige aus der Dithmarscher Landeszeitung vom 22. Januar 1906

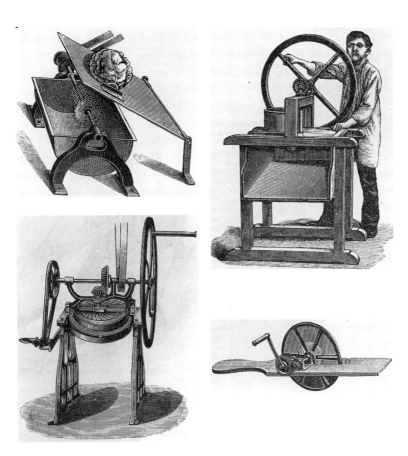

Abb. 21: Geräte zum Kohl- und Strunkschneiden in Sauerkrautfabriken, um 1900

wuchsen in einem rasanten Tempo. Deutschlands größte Stadt, Berlin, verdoppelte ihre Einwohnerzahl von rund 966 000 im Jahre 1875 auf mehr als zwei Millionen 1910. Noch beeindruckender verlief die Entwicklung in den kleineren Städten. Hamburgs Bevölkerung stieg zwischen 1875 und 1910 von rund 265 000 auf 931 000, Kiels von ca. 37 000 auf rund 211 000, d.h. Kiel hatte eine Steigerungsrate von 468 %! Diese einschneidende Entwicklung prägte natürlich auch das Konsumverhalten. Durch den Umzug in die Stadt wurde aus dem ländlichen Selbstversorger tendenziell ein städtischer Verbraucher, der einen Großteil seiner Lebensmittel beim Händler kaufte. Während das Sauerkraut bisher, sofern es nicht im Haushalt hergestellt war, häufig im Nebengewerbe, z. B. von Kaufleuten, eingeschnitten wurde, entwickelte sich dieser Gewerbezweig nun zu einer selbständigen Industrie.

Die ersten Sauerkrautfabriken entstanden in der Nähe der großen Städte, da hier auf einen lohnenden Absatz zu hoffen war. In den Mietskasernen der Arbeiterbevölkerung war es schon aus räumlichen Gründen für viele nicht mehr möglich, das Sauerkraut selber einzu-

Abb. 22: Briefkopf einer Sauerkrautfabrik in Liegnitz

Abb. 23: Sauerkrautherstellung in der Fabrik: Mit einem Messer werden die Außenblätter entfernt, der Kohl wird geputzt. Foto 1938

schneiden, da ein Lagerraum oder Keller fehlte. Die Zentren der Sauerkrautindustrie entwickelten sich dann entweder in der Nähe der Absatzzentren, d. h. vor allem in großen Städten, oder in der Nähe der bedeutenden Kohlbaugebiete. Die ersten Sauerkrautfabriken finden wir am Niederrhein in Biblis (1830) und in der Gegend um Mainz. Zu einer besonderen Bedeutung entwickelte sich die Sauerkrautindustrie in Neuß[5]. Weitere bedeutende Standorte entstanden in Berlin, München und Magdeburg und in der Gegend um Liegnitz. Hier arbeiteten z. B. 1913 23 Sauerkrautfabriken und Gurkeneinlegereien[6]. Zu den traditionellen Kohlbaugebieten, in denen sich verstärkt eine Sauerkrautindustrie ansiedelte, gehörten das Elsaß und die Gegend bei Stuttgart.

In den Jahren vor dem Ersten Weltkrieg wurde das industriell hergestellte Sauerkraut zu einem weitverbreiteten billigen Massennahrungsmittel. Die Zahl der Sauerkonservenbetriebe im Deutschen Reich stieg von 78 im Jahre 1901 auf 231 im Jahre 1914[7]. Es wird geschätzt, daß 1914 die Produktion bei ca. 85 000 Tonnen Sauerkraut lag[8].

In Dithmarschen wurde vermutlich die erste Sauerkrautfabrik 1898 durch einige Landwirte in Reinsbüttel bei Wesselburen errichtet. In der Fabrik waren um die Jahrhundertwende 17 russische Arbeiter und Arbeiterinnen beschäftigt[9]. Die Geschäfte scheinen nicht sehr gut gegangen zu sein, denn 1903 beschlossen die Besitzer die Liquidation der Fabrik und deren alsbaldigen Verkauf[10]. Danach ging die Fabrik offenbar in den Besitz von J. Hölk über, der sie während der folgenden Jahre betrieb. 1912 berichtete der „Dithmarscher Bote":

> *Der Versand von Sauerkohl aus der Sauerkohlfabrik in Reinsbüttel ist zurzeit ein reger. 450 Oxhoft Sauerkohl wurden per Schiff vom Warwerorter Hafen nach den Nordseehäfen und nach dem Ruhrgebiet versandt. In nächster Zeit folgt wieder eine große Sendung nach dem Ruhrgebiet."*[11]

Obwohl eine Verarbeitung des Kohls inmitten des Anbaugebiets ganz erhebliche Vorteile gebracht hätte, kam dieser Industriezweig lange Zeit über erste Ansätze nicht hinaus und blieb insgesamt bis in die Zeit nach dem Zweiten Weltkrieg verhältnismäßig bedeutungslos.

Das wesentliche Hindernis war hier das Fehlen eines Absatzgebiets in der Nähe. Im ganzen norddeutschen Raum gehörte Sauerkraut nicht zu den verbreiteten Nahrungsmitteln, so daß nur der Transport in die traditionellen Marktgebiete blieb. Hier wiederum war man wegen der Transportkosten den näher gelegenen Herstellern unterlegen.

Abb. 24: So standen auch die Frauen bei Gravenhorst in Marne am Fließband und putzten Kohl. Foto 1938

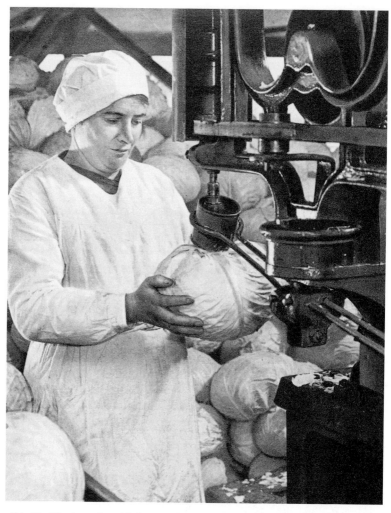

Abb. 25: Mit einem Strunkbohrer wird der harte Kohlstrunk zerschnitten. Foto 1938

Die Produktion von Sauerkraut in den Fabriken unterschied sich zunächst, abgesehen von den großen Verarbeitungsmengen, nicht wesentlich von der traditionellen Art und Weise des Sauerkrauteinlegens im Haushalt. Gegen Ende des 19. Jahrhunderts wurden dann in der gewerblichen Produktion zunehmend Maschinen eingesetzt, um den Kohl schneller und besser zu bearbeiten. So wurde mit dem Strunkbohrer der Kohlstrunk in feinen spiralförmigen Blättchen aus dem Kohlkopf herausgeschnitten. Früher war der Strunk ausgestochen und weggeworfen worden, jetzt konnte er mitverwendet werden, was den Ertrag um 15 % erhöhte.

Kohlschneidemaschinen besorgten das Zerkleinern der Kohlköpfe in feine Streifen von ein bis drei Millimeter Dicke. Je feiner diese Schnitzel waren, desto schneller und besser trat später die Gärung ein. Vor der eigentlichen Verarbeitung ließen manche Hersteller den Kohl einige Tage in abgedeckten Haufen liegen. Dabei erwärmte er sich und verlor die grüne Farbe. Das Sauerkraut erhielt dadurch später die bei den Käufern begehrte helle Färbung[12].

Die Arbeit in den Sauerkrautfabriken war eine reine Saisonarbeit, die etwa von Mitte August bis Dezember dauerte. Vor allem Frauen arbeiteten in den Betrieben. Sie waren hauptsächlich mit dem Putzen des Kohls, d. h. mit dem Entfernen der faulen Außenblätter, beschäf-

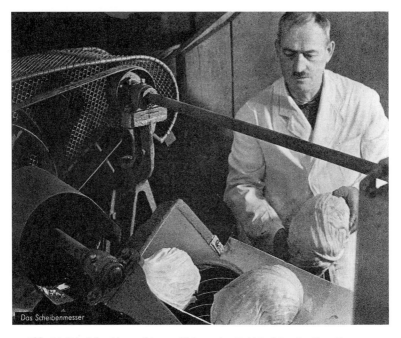

Abb. 26: Die Schneidemaschine zerkleinert den Kohl in feine Streifen. Foto 1938

tigt. Anschließend wurde der Kohl zerschnitten, und die Kohlschnitzel kamen in Gärbehälter. Der Transport geschah zunächst mit Körben, später dann mit mechanischen Förderbändern[13]. Als Gärbehälter dienten entweder Holzbottiche oder seit der Jahrhundertwende auch gefliese Betonbassins[14]. Diese Betonbehälter faßten bis zu 1000 Zentner, so daß gleichzeitig größere Mengen Sauerkraut produziert werden konnten. Die Kohlschnitzel wurden in den Gärbehältern verteilt und mit ca. 1–3 % Salz vermischt. In einer Beschreibung hieß es 1916 dazu:

> *„Mit sauberen Forken geschieht die Einmischung des reinen Speisesalzes in die Kohlschnitzel. Die Arbeiter, die in den großen Behältern auf den Kohlschnitzeln stehen müssen, haben saubere Holzpantinen an. Das Festtreten der Schnitzel geschieht wohl nur in kleineren Fabriken, und hier wohl nur noch in manchen Gegenden (Rheinland)."*[15]

Abb. 27: Transportbänder bringen die Kohlschnitzel in die Gärbottiche oder Gärbassins. Foto 1938

Hier war der Autor seiner Zeit vermutlich ein wenig voraus, denn noch 1942 hieß es in einem Fachbuch kategorisch:

> *"Das Einstampfen des Sauerkrautes wird industriell mit den Füßen durchgeführt. Zu diesem Zweck ziehen die Arbeiter hierfür besonders bestimmte, hohe Gummistiefel an, die mit Holzsohlen versehen sind."*[16]

Das Feststampfen war nötig, damit die Luft zwischen den Kohlschnitzeln entweichen und der Zellsaft austreten konnte. Anstelle des Feststampfens wurden auch mechanische Pressen verwandt. Sobald der Gärbehälter mit Kohlschnitzeln gefüllt war, wurde er mit einem Deckel verschlossen, der mit schweren Steinen beschwert war. Hierzu konnten nur säurebeständige Gesteinsarten wie Granit oder Basalt benutzt werden, da andere Steine von der sauren Lake angegriffen worden wären. Nach kurzer Zeit senkte sich dann die Kohlmasse, wobei eine Menge Flüssigkeit entstand, die den Kohl bedeckte. Der Kohl benötigte dann für eine Vor- und Hauptgärung je nach Außentemperatur und Art des Kohls insgesamt zwischen drei und sechs Wochen.

Der Versand des Sauerkrauts geschah zumeist in Fässern. Für kleinere Mengen wurden vermutlich seit der Jahrhundertwende auch Dosen und Blecheimer verwandt. Sie waren mit Gärventilen versehen, damit auftretende Gase aus der Nachgärung des Sauerkrauts entweichen konnten. Diese Art der Verpackung spielte jedoch nur eine untergeordnete Rolle, denn noch Ende der 1930er Jahre wurde 80 % des in der Fabrik hergestellten Sauerkrauts in Fässern verschickt[17].

Zum Teil benutzte man auch gebrauchte Tonnen als Versandfässer. Für das Liegnitzer Anbaugebiet ist z. B. bekannt, daß alte Heringstonnen Verwendung fanden. Dazu hieß es in einem Bericht aus dem Jahre 1928:

> *Der Versand von Sauerkraut und Gurken geschieht nach wie vor in der Hauptsache in Heringstonnen. Es ist jedoch möglich, daß hier im Laufe der Jahre insofern eine Änderung eintritt, in dem man zur Herstellung von neuen Versand-Tonnen übergeht und diese zur Verpackung von Sau-*

erkraut und Gurken verwendet. Allerdings spielt hierbei die Kostenfrage eine Rolle, denn die neuen Fässer dürften sich im Preise höherstellen, als die gebrauchten Heringstonnen, so daß also zunächst mit der Belieferung in Heringstonnen

Abb. 28: In den Gärbassins wird der Kohl mit Salz vermischt und gepreßt. Foto 1938

Abb. 29: Die gefüllten Gärbottiche werden mit Deckeln verschlossen, die man mit Steinen beschwert

Abb. 30: Das Sauerkraut wird für den Versand in Fässer oder Dosen abgefüllt. Foto 1938

>gerechnet werden muß. Schätzungsweise werden für den Versand von Gurken und Sauerkraut jährlich etwa 250 000 Stück Tonnen im hiesig. Produktionsgebiet benötigt. Die Schottentonne, welche am stabilsten gebaut und aus dem besseren Holzmaterial hergestellt ist, erhält den Vorzug, während die Norweger Tonne nur im geringen Umfange gebraucht wird. Sie ist weniger empfehlenswert, da sie aus auffallend minderwertigem Holzmaterial hergestellt ist."[18]

Jede Tonne wurde vor dem Versand zunächst in einem Laugenbad gereinigt und mit Wasser ausgespült. Anschließend wurde sie neu verböttchert und ein zweites Mal ausgespült, bevor man sie mit Sauerkraut füllte.

Die Fabriken arbeiteten zunächst vor allem für einen begrenzten Markt, nicht zuletzt, weil auf die regionalen Geschmäcker Rücksicht zu nehmen war. So verlangten die Verbraucher in Bayern ein mit

Kümmel gewürztes Kraut und die Rheinländer ein eher trockenes Sauerkraut. Eine Untersuchung[19] aus dem Jahre 1932 führte sieben „Geschmacksrichtungen" beim Sauerkraut auf: Rheinische Art, Filderkraut, Liegnitzer Art, Sächsische Art, Magdeburger Art, Münchener Art und Berliner Art. Das jeweilige Sauerkraut unterschied sich dabei je nach Art des Kohlschnitts (grob bis fein), des Salzgehalts, der Säuerung (mild oder säuerlich) und des Feuchtigkeitsgehalts.

Von den Fabriken wurde das Sauerkraut direkt an die Kleinhändler geliefert, wo der Verbraucher es dann „frisch aus dem Faß" kaufte. Mit der Frische der Ware war es allerdings dann manchmal schnell vorbei. Der Händler konnte zwar je nach Bedarf unterschiedlich große Fässer mit Sauerkraut bestellen, doch ganz genau ließ sich der Verbrauch nicht kalkulieren, und so dauerte es manchmal länger, bis das Faß tatsächlich leer war. Dem Händler wurde empfohlen, möglichst nur zweimal am Tag, jeweils für den Morgen- und Abendverkauf, eine größere Portion aus dem Lagerfaß zu entnehmen, da das Sauerkraut empfindlich auf Luftzutritt und Wärme reagierte. Trotzdem litten Qualität und Geschmack mit der Zeit:

> *„Diese Beobachtung wird jeder bestätigen können, der den aus kleinen Läden abgelegener Straßen gekauften Kohl mit dem aus großen, viel besuchten Delikateßhandlungen vergleicht, obwohl derselbe bisweilen aus ein und derselben Fabrik stammt. Feinschmecker beziehen aus diesem Grunde bisweilen auch unmittelbar von den Fabriken, wenn sie dazu Gelegenheit haben."*[20]

Normalverbraucher, denen die Möglichkeit dafür fehlte, waren darauf angewiesen, beim Kauf aufzupassen, um keine verdorbene oder beispielsweise mit Feldrübenschnitzel verfälschte Ware zu erhalten. Vorsicht war auch geboten, wenn das Sauerkraut zuvor fahrlässigerweise in Kupfer- oder Messingbehältern aufbewahrt worden war, da dann der Kohl durch das Metall ungenießbar geworden war. Ratgeber für den Haushalt rieten deshalb dazu, das Sauerkraut zu überprüfen, indem man ein blank gescheuertes Messer über Nacht in den Kohl stecke. Wenn das Eisen am nächsten Morgen angelaufen sei, dann sei das Sauerkraut mit giftiger Kupferverbindung verunreinigt[21].

Auch die Gerichte hatten sich mit der Qualität von Sauerkraut zu befassen. So galt nach einem Urteil eines Breslauer Gerichts gewässertes Sauerkraut als verfälscht. Gleiches galt nach dem Spruch eines Münchener Gerichts für Sauerkraut, welches mit grau verfärbten Resten alten Sauerkrauts vermengt wurde[22]. Skeptisch über die Qualität des „modernen" Fabrik-Sauerkrauts und die Gewohnheiten der modernen Konsumenten äußerte sich 1927 ein Beobachter:

> *„Im Großbetriebe geht es gewiß mit rechten Dingen zu, anders in den unzähligen kleinen Fabriken und in der Übung des Kleinhandels. Da wird das Sauerkraut vielfach mit Essigsäure, wenn nicht mit Mineralsäure haltbar und sauer gemacht (...). Das Schlimmste ist nun, daß die Essenden dies weder erkennen, noch überhaupt ein anderes Sauerkraut kennen. Ist aber der Essig mit Salz- oder Schwefelsäure gefälscht, wie es zuweilen noch immer geschieht, so ersehen wir daraus, was diese Hausmannskost geworden ist; besonders wenn die Köchin selbst es ist, die gewohnheitsmäßig fades Sauerkraut mit Essig bessert."*[23]

„...ein mächtiges Verwahrungsmittel gegen den Scharbock" – Sauerkraut auf Schiffen

Eine ganz besondere Bedeutung erlangte das Sauerkraut seit dem 18. Jahrhundert für die Schiffahrt. Es hatte sich herausgestellt, daß der Verzehr des Vitamin-C-reichen Sauerkrauts vorbeugend gegen Skorbut wirkte. Nun wußte man damals über Vitamine noch nichts; der Militärarzt Johann Georg Heinrich Kramer hatte jedoch Beobachtungen bei der Behandlung von Soldaten angestellt, die während längerer Belagerungen nur eine eintönige Ernährung erhielten und deshalb skorbutgefährdet waren. In seiner „Medicina castrensis" verkündete Kramer 1735:

> *„Und eben dahero ist laut sicherer Nachricht das einzige Präservativ vom Scorbut anheut zur See, daß alle Schiffe eine quantite Sauerkraut mit führen und ihren Botsknechten wochentlich ein paarmahlen austheilen lassen."*[1]

Die Anregung des deutschen Arztes wurde vor allem in der holländischen und später in der britischen Marine aufgegriffen. So verwies der Schiffsarzt J. Lind in seinem „Traite du Scorbut" 1756 auf die Tatsache, daß holländische Matrosen, die regelmäßig Sauerkraut erhielten, im Gegensatz zu den englischen Seeleuten vom Skorbut verschont blieben[2]. Der britische Marinearzt Gilbert Blane führte dann später den Gesundheitszustand der englischen Matrosen während des Britisch-Französischen Krieges 1780–1783 auch auf den Sauerkrautverbrauch an Bord zurück. Jeder Mann erhielt damals wöchentlich zwei Pfund Sauerkraut zugeteilt[3]. Weithin bekannt wurde das Sauerkraut als Schiffsproviant und Antiskorbutmittel durch die spektakulären Seereisen des James Cook. Bereits bei seiner ersten Weltumsegelung mit der „Endeavour" 1768–1771 hatte Cook Fässer mit Sauerkraut an Bord gehabt. Auf der zweiten Reise Cooks 1772–1775 gehörte der deutsche Naturforscher Georg Heinrich Forster zur Expedition. In seiner später veröffentlichten „Reise um die Welt" kam Forster auch auf das Sauerkraut zu sprechen und rühmte vor allem die vorzügliche Haltbarkeit:

„Wir hatten in der Resolution sechzig größere Fässer Sauerkraut, die vor unserer Rückkehr ans Vorgebirge der guten hoffnung ganz ausgeleert wurden. Die vielen Veränderungen des Clima, denen wir unterworfen gewesen, hatten ihm nichts geschadet. Ohngefähr vierzehn Tage vor unserer Ankunft in Engelland, fanden wir die letzte Tonne, die man bis dahin durch einen Zufall im Schiffsraum übersehen hatte, und auch diese enthielt so frisches und schmackhaftes Sauerkraut, daß verschiedene portugiesische Herren, die auf der Rheede von Fayal mit uns speiseten, nicht nur mit außerordentlichem Appetit davon aßen, sondern sich den im Fasse gebliebenen Rest ausbaten, um ihre Freunde an Lande damit zu bewirten."[4]

Um die Versorgung der Schiffe mit Sauerkraut zu erleichtern, richtete die britische Regierung, einem zeitgenössischen Bericht zufolge, in London große „Sauerkraut-Manufakturen" ein[5]. Sauerkraut blieb bis weit ins 19. Jahrhundert hinein ein wichtiger Bestandteil des Schiffsproviants. Es war haltbar, einfach zu transportieren und wesentlich billiger als der auch schon seit langem als Antiskorbutmittel diskutierte Zitronensaft[6]. Einige deutsche Anbaugebiete und Städte produzierten offenbar zu einem beträchtlichen Teil für den Schiffsbedarf. So diente ein Teil des in Magdeburg hergestellten Sauerkrauts diesem Zweck, ebenso der Kohlanbau in Teilen von Hessen, von wo das Sauerkraut dann auf holländische Schiffe ging[7].

Im 19. Jahrhundert wurde auch getrocknetes Gemüse für die Ernährung auf Schiffen benutzt. Dies betraf zunächst vor allem Hülsenfrüchte, später jedoch wurden auch andere Gemüsesorten verarbeitet. Durch geeignete Verfahren gelang es beispielsweise, Weiß- und Rotkohl derart zu konzentrieren, daß auf engstem Raum mehrere Tausend Rationen unterzubringen waren[8]. Ein Verfahren, Sauerkraut zu trocknen, erwähnte der Arzt Rudolph Krebel 1838 in einer Untersuchung über Skorbut. Er hatte bei der russischen Marine Erfahrung mit der Behandlung dieser Krankheit sammeln können. Krebel schrieb:

„Die Bereitung des getrockneten Sauerkrautes wird auf folgende Art vorgenommen: man läßt den gesäuerten Kohl

ausgepresst auf ein Sieb legen, bestreut ihn dann mit etwas Salz und Weizenmehl und trocknet ihn darauf in einem unzugemachten Backofen. Der Process des Trocknens muss 3 Mal wiederholt werden und zur Aufbewahrung wird er in Kartuschen geschlagen. Mit Fleisch, Fleischpulver und Buchweizengrütze gekocht und mit etwas Essig versetzt dürfte er eine wohlschmeckende Kohlsuppe liefern. Mit 1 Pfund dieses getrockneten Krautes kann man 30 Menschen sättigen, weil man, um dasselbe gahr zu kochen, da es ungemein aufquillt, 6–8 Eimer Wasser bedarf."[9]

Eine gute Speise (nicht) nur für "gemeine Leute"

Der Kohl gehörte seit dem Mittelalter vermutlich zu den fast unvermeidlichen Bestandteilen der täglichen Kost der meisten Menschen. Ein Eintopf aus Kohl, Rüben, Wurzeln und eventuell Fleisch und Fett bildete die tägliche Grundnahrung der meisten, vor allem der "gemeinen" Leute. So schrieb der Arzt Rivius 1549 über den Kohl:

> *"Brasica Koelkraut und Kappes. Das Koelkraut un Kappes sind inn teutschland inn gemeinen Küchen, inn sonderheyt der Handwerck's leuht und gemeinen Man, die groeste lucken buesser unn furnemen tegliche kost, den leren hungerigen Magen zu ersettigen."*[1].

Und am Ende des 16. Jahrhunderts rühmte der Botaniker Hieronymus Bock in seinem "New Kreutterbuch" den Kohl:

> *"Wer kan und mag alle krafft und tugendt des gemeinen Cappeskraut erzaehlen? Oder ist auch irgends ein breuchlicher Kuchenkraut in Germania, das jedermann, ja auch dem Rindvihe annemiger und gebreuchlicher sey, dann der Cappes? Wie kan man doch des krauts empären? der gemein Man in unserem Land wuert ehe un lieber in seinem Hauß des Weins, weder des Cappes entrathen (...) un ist ja ein nuetzlich keyserlich kraut und Genuß, daß sich freilich weder koenig noch keyser beschemen."*[2]

Zur Verwendung des Kohls fügte Bock noch hinzu, "solch weiß kraut pfleget man zu kochen und bey allerhand fleisch zu sieden".

Mit dem langfristigen Rückgang des durchschnittlichen Fleischkonsums seit dem 16. Jahrhundert stieg noch der Anteil von Getreide und Gemüsen an der täglichen Nahrung. Auch wenn regionale Unterschiede bei den Speisen insgesamt sehr groß waren, so spielten Kohl, Hülsenfrüchte und verschiedene Wurzelgemüse in der Ernährung, vor allem der ärmeren Bevölkerung, eine überragende Rolle[3].

Erst mit dem Aufkommen der Kartoffel seit dem 18. Jahrhundert erhielt der Kohl einen ernsthaften Konkurrenten. Dieser „Kohl- und Kartoffelstandard" (Henning) blieb in der Ernährung in vielen Gegenden bis weit ins 19. Jahrhundert hinein von großer Bedeutung.

In den mittleren und oberen Schichten der Bevölkerung war der Spielraum für den Umfang und die Zubereitungsart der Nahrung wesentlich größer als in den unteren. An die vermögenderen Schichten richteten sich auch die ersten Rezeptsammlungen und Gartenbücher. So beschrieb das Gartenbuch der „Deliciae Hortenses" von 1576 auch verschiedene Kohlgerichte. Dazu zählten Kohl mit Hammel- oder Schweinefleisch, ein Kohlsalat und Kohl mit einer Füllung aus Ei, eingeweichtem Brot und Ingwer sowie das folgende Gericht:

> „*Kappiskraut wird auch klein gehackt, wann es zuvor wohl verbrühet ist, rösche Mehl im Schmaltz und schütte das gehackte Kraut darein, als dann thue es in eine Kachel oder gefussten Hafen (irdener Topf oder Gefäß), thue süsse Milch daran, und laß kochen, thue Saltz und Imber darzu, und trags auf.*"[4]

Der kurfürstlich mainzische Mundkoch Max Rumpolt erwähnte in seinem 1581 erschienenen Kochbuch ein Gericht mit Erbsen und Sauerkraut, eine Lieblingsspeise der Rheinländer:

> „*Durchtriebene Erbeß wol geschmälzt, unnd warm auff ein Tisch geben, darneben saur kraut mit Essig begossen, vund mit Saltz beströwt, also essen sie sie am Rheinstrom gern.*"[5]

Im Jahre 1648 veröffentlichte der Gärtner Johannes Royer das erste Gemüsekochbuch[6]. Auch das 1692 in Braunschweig erschienene Kochbuch der Maria Sophia Schelhammer brachte zahlreiche Gemüserezepte. Wie ein „gefüllter Kohlkopf" zu bereiten sei, beschrieb Paul Jacob Marperger 1716 detailliert in seinem „Küchen- und Keller-Dictionarium":

> „*Einen Kohl zu füllen, so thut man die allergrössesten Blätter davon, und lässet deren kleine mehr daran, als so viel ihr wollet, daß er groß dadurch seyn soll; läßt ihn aufsieden,*

und ziehet ihn hernach heraus, daß er austropffe. Wann er nun erkaltet, so eröffnet alle seine Blätter bis auf den Bollen. Hierauf thut man zwey oder drey Stücklein Speck, welche ihr mit etlichen Gewürz-Nagelcken bestecken könnet: schliesset darüber den Kopff über solchem Gefülsele mit seinen Blättern ordentlich zu, und machet ihn in der Hand rund, drucket ihn zugleich ein wenig, daß das Wasser daraus gehe. Wann dieses geschehen ist, bindet ihr ihn um und um mit subtilen Bind-Faden, daß er nicht von einander falle, und lasset ihn besonders sieden. Wann er gahr ist, so ziehet ihr ihn auf, thut die Bande davon, und leget ihn in die Schüssel auf Brodt-Scheiben, theilet den Kohl in drey oder vier Theile von einander, daß das Gefülsel möge gesehen werden, und zieret die Brühe mit geprägelten Brodt; wollet ihr aber etliche Rütter-Schürzen von Blätter-Teig, oder aber ander Gebackenes von vielerley Farben dareinlegen, so wird es den Kohl-Suppen den besten Zierath geben, weil doch der Kohl, wann er recht gut seyn soll, wie auch dasjenige, so man daran thut, keinen Mangel von Fetten haben muß. Wollet ihr auch etliche Stücklein Ochsen-Marck darüber thun, so wird es noch so viel besser seyn. In den Fisch-Tagen kann man selbige auch mit den gehackten Fleisch und Kräuter füllen."[7]

Die zahlreichen Kochbücher, die seit dem Anfang des 18. Jahrhunderts auf den Markt kamen, richteten sich vor allem an ein bürgerliches Publikum. Auch in diesen Büchern gab es häufig eine Reihe von Rezepten für Kohl- und Sauerkrautgerichte. Hierbei handelte es sich meist um aufwendigere Zubereitungen mit besseren Zutaten, als sie für den täglichen Tisch der meisten Menschen in Frage kamen.

Die Palette der Möglichkeiten, die es beispielsweise für die Verwendung von Sauerkraut gab, umriß der Eintrag im „Allgemeinen Oeconomischen Lexikon" von 1731. Gleichzeitig wurde dabei versucht, so etwas wie eine Ehrenrettung des Sauerkrauts vorzunehmen, indem man die Leser beruhigte:

„Das Sauer-Kraut ist zwar mehrentheils eine gute Speise vor gemeine Leute, die es wieder ausarbeiten können; es hat sich

aber offt schon ein wohlhabender damit delectiret, auch mancher Patiente daran wieder erholet. Man pfleget es entweder allein mit Butter oder Schweinen-Fett zu kochen, und ein wenig Mehl daran zu brennen, oder an Hüner, Gänse, Enten, Capaunen, Hechte, Schweinen-Fleisch ec. zu thun. Es wird auch mit Zucker eingemacht, und bey solennen Gast-Geboten und Ausrichtungen unter den anderen Confitüren mit aufgesetzet. Mit purem Wasser abgekocht, und wieder kalt werden lassen, kann es mit Oel und Eßsig abgemacht, als ein Salat genossen werden."[8]

Abgesehen von der heute etwas ungewöhnlichen Zubereitung des Sauerkrauts als süßer Konfitüre, werden hier die üblichen, in vielen späteren Kochbüchern immer wieder genannten Sauerkrautgerichte aufgeführt. Auf keinen Fall durfte ein Rezept für das „Hechtkraut" fehlen, ein Auflauf aus zerpflücktem Hecht mit Sauerkraut. Zu einer Zeit, als die Universallexika wirklich noch universal waren, konnten sich die Leser 1735 in Zedlers Universallexikon auch über dieses Rezept kundig machen:

„Der Hecht mit Sauerkraut im Back-Ofen wird also zubereitet. Er muß erstlich blau gesotten, Stückweise geflücket, und alle Gräten heraus gethan werden, die blaue Haut aber leget alleine: hierauf setzet Sauerkraut mit Wasser zum Feuer, und lasset es halb gar kochen, seiget die Brühe davon, schneidet es mit einem Messer nicht gar zu klein, hernach setzet eine Casserole mit etwas Butter aufs Feuer; ist sie heiß, so thut das Kraut darein, schüttet eine gute Kanne sauren Rahm dazu, und lasset es durch einander dämpffen. Machet einen Krantz von Teich um die Schüssel mit Butter, nehmet eine Kelle, und überziehet den gantzen Schüssel-Boden mit Kraut. Darauf leget eine Lage Hecht, und dieses thut wechselweise biß nichts mehr da ist. Wenn die Schüssel voll, so streuet oben Semmel darauf, und begiesset es über und über mit Butter, setzet es in einen Back-Ofen, und lasset solches als eine Pastete backen. Wollet ihr anrichten, so nehmet es aus dem Ofen, und lasset es zu Tische tragen."[9]

Wollte man dieses Gericht noch weiter verfeinern, so wurden Kapern und Austern zum Sauerkraut hinzugefügt. Eine solche Variante für Gelegenheiten, „wenns recht festlich hergehen soll", beschrieb Christian Friedrich Germershausen 1778 in seinem vielgelesenen Haushaltsbuch „Die Hausmutter in allen ihren Geschäften":

> *„Will man aber eine Gastspeise haben, so wird der Hecht geröstet, und in brauner Butter gebraten, von Gräten befreyet, gepflücket, und Lagen Hecht mit Lagen Kohl abgewechselt. Der Hechtkopf mit etwas Fisch oder Fleische daran, bleibt ganz; liegt über dem Kohle, aber etwas darinn eingedrückt mit den Kiefern, und hält zur Zierde die Leber im Maule so, daß sie auf beyden Seiten, der Querre nach, hervorrage."*[10]

Germershausen unterschied in seinem Ratgeber übrigens bei allen Gerichten streng nach der sozialen Klasse der Essenden: Neben der „Küche des Mittelmannes", also der bürgerlichen Küche, stand die „Küche des Gesindes und des gemeinen Mannes". Innerhalb dieser grundsätzlichen Scheidung gab es dann wiederum eine Abstufung der Zubereitung, je nachdem, ob es sich um eine „Gastspeise" für Gäste, um eine „Mittelspeise" oder um ein „Sonntagsgericht" handelte. Auch die Kohlgerichte unterlagen dieser Einordnung. So war eine Mahlzeit aus Kohl mit Enten-, Gänse- oder Hammelfleisch für den „gemeinen Mann" ein „Sonntagsessen". Hammelfleisch mit weißem Kohl galt dagegen in der bürgerlichen Küche als eine „Gastspeise", wenn es dabei den ersten zarten Frühkohl gab. In manchen Fällen hing die Wahl der Gerichte auch davon ab, wen man zu Tische bat. Speckkohl zum Beispiel – ein Gericht aus gekochtem und dann angedicktem Kohl mit ausgelassenem Speck, wozu es Eierkuchen, Würste oder Karbonaden gab – war eigentlich nur eine „Mittelspeise" für den alltäglichen Tisch. Doch sei es üblich, so Germershausen, daß „vertraute Freunde, aus den Städten, sich dazu auf dem Lande zu Gaste bitten"[11]. Zu einem Landaufenthalt paßte eben auch gut ein „deftiges" Essen. Seitdem der römische Dichter Horaz das einfache Landleben besungen hatte, stand auch der Kohl in dem Ruf, ein einfaches, schlichtes und bescheidenes Essen zu sein. Die Tatsache nun, 'daß nach allgemeinem Verständnis Kohl mehr eine Speise für den „gemeinen Mann" war, konnte auch dazu benutzt werden, sich selber mit dem Anschein des Einfachen und Bescheidenen zu versehen. Zu den Grundsätzen der „bürgerlichen" Küche zählte für Germershausen auch die Natürlichkeit. Dies beinhaltete vor allem eine Kritik an der Küche des Adels mit ihrem übertriebenen und zur Schau getragenen Luxus. Neben der Verwendung einfacher, natürlicher Nahrungsmittel sollten die Speisen auch ihren natürlichen Geschmack beibehalten. Germershausen erläuterte seine Vorstellungen u. a. auch am Beispiel des Sauerkrauts:

> „Mit den Vorkosten oder Gemüsen geht man in den Küchen der Großen fast am meisten dergestalt um, daß gar keine Spuren des ersten Geschmackes darinn übrig bleiben. Z. B. Sauerkohl mit Corinthen, Zimmt und Borsdörferäpfeln, schmecket durchaus nicht mehr, wie der für sich allein gelassene Sauerkohl; man hat ein ganz süßes Gemüse daran. Wer solches im Finstern ißt und angeben sollte, könnte es gar leicht für einen Apfelbrey oder dergleichen nahekommendes Essen erklären. Eher und mehr lies ich jene Gräfliche Küche passiren, in welcher der Sauerkohl mit Rheinwein, ohne aller anderer Zuthat, gekochet ward. Hierdurch war seinem allerersten natürlichen Geschmacke gar kein Abfall zugezogen worden."[12]

In welch eine vornehme Gesellschaft das Sauerkraut im 19. Jahrhundert befördert werden konnte, zeigt ein Rezept aus einem Bremer Kochbuch. Es erschien 1840 unter dem Titel „Anleitung zur Kochkunst für alle Stände". Zum Thema Sauerkraut hieß es dort:

> „Ausgedrückt läßt man ihn mit Butter und Wasser während 2 Stunden gahr kochen: jedoch muß die Sauce fast ganz verdünstet sein. Man gibt dabei Kartoffeln- oder Erbsenpuree. Soll der Kohl für eine feine Zunge zu bereitet werden, so lasse man die Schale einer Citrone damit kochen, und gebe eine Viertelstunde vor dem Serviren etwas Madeira oder alten Rheinwein daran. Gewöhnlich umlegt man ihn

> *mit gebratenen Austern oder gebratenen Hechtfilets in kleinen Stücken, oder gebratene Wurst, oder Saucisen (Bratwürstchen), oder gekochten Castanien. Man giebt gewöhnlich gebratene Fasan dabei."*[13]

Um Mißverständnissen vorzubeugen: Entgegen dem Titel war diese „Kochkunst" um die Mitte des 19. Jahrhunderts keineswegs für „alle Stände" zu verwenden, da es großen Teilen der Bevölkerung nicht selten an den allernötigsten Lebensmitteln fehlte. So berichtete der Arzt Rudolf Virchow 1848 über die Verhältnisse in Oberschlesien, daß das wichtigste Nahrungsmittel dort die Kartoffel sei. Dazu gäbe es vor allem noch Milch und Sauerkraut:

> *„Nach der allgemeinen Ansicht bestand die Lieblingsspeise der Oberschlesier in einem Gericht, das aus allen den genannten Substanzen zusammengesetzt war, nämlich aus Sauerkraut, Buttermilch, Kartoffeln und Mehl... Fleischgenuß gehörte zu den größten Ausnahmen... Als die Not immer drückender wurde, blieb nur noch das Kraut über. Danach griff man zu Surrogaten und nahm grünen Klee, Quecken, kranke und faule Kartoffeln usw."*[14]

Die Verfasser zahlreicher Ratgeber für den Haushalt machten sich auch Gedanken darüber, wie die Dienstboten richtig und vor allem nicht zu teuer zu beköstigen seien. Das Sauerkraut gehörte dabei wider Erwarten nicht zu den „billigen" Essen, denn, so die Warnung 1788:

> *„Unter allen Vorkosten erfordert der Sauer-Kohl, wofern er weich und schmackhaft werden soll, das meiste Fett. Hammel- und Rinds-Talg sind hierzu nicht wohl zu gebrauchen; am tauglichsten hierzu ist Gänse- und Schwein-Schmalz, oder sogenanntes Schwein-Schmeer. Auch kann Schinken-Fett, ingleichen das von gekochtem Specke abgenommene Fett dazu angewendet werden. Für das Gesinde ist also dieses Essen, wegen des vielen darauf zu verwendenden Fettes, gar nicht unter die wohlfeilen zu rechnen, zumahl wenn immer Wurst oder Fleisch daneben auf den Tisch gebracht werden muß."*[15]

Daß es jedoch auch ohne Fleisch und Wurst gehen konnte, bewiesen die Speisepläne der Armenhäuser und sonstiger Anstalten. Bei ihnen waren Kohl und auch Sauerkraut immer beliebte, weil ausgesprochen billige Speisen, wenn man das Fett wegließ. So sah die Speiseordnung des Lübecker Armenhauses Ende des 18. Jahrhunderts als Gemüse nur entweder Erbsen oder Kohl vor. Ähnliches galt auch für andere Anstalten dieser Art. Und auch beim Militär versuchte man, die Massen billig zu verpflegen. Ob aber die Begeisterung der Soldaten wirklich immer derartig überschwengliche Formen annahm, wie es der anonyme Autor der Abhandlung „Über die rationelle Ernährung des Soldaten" 1858 beschrieb, bleibt doch zumindest fraglich:

> „Sauerkraut lieben die Leute über Alles, und ist es eine der wichtigsten Sorgen der Menage-Commissionen, im Herbst so viel als möglich davon zuzubereiten.
> Der Mann freut sich schon im Voraus auf den Tag des – Sauerkrauts – und ist es eine wahre Freude, zu sehen, wie schon der bloße Geruch desselben die Leute in Ekstase versetzt, wie sie mit weit geöffneter Nase das ihnen aus dem Speisesaale entgegenduftende Aroma dieses ihres Lieblingsgerichts einschlürfen, wie sie mit unbeschreiblicher Lust sich über die gefüllten Schüsseln hermachen, einen Vertilgungsangriff dagegen führen bis auf den letzten Bissen, und schließlich sich mit dankerfülltem Herzen den Bauch streicheln. Da sich hier so augenscheinlich das Angenehme mit dem Nützlichen vereinigt, schaffe man viel Sauerkraut."[16]

Mit der starken Zunahme des Verzehrs von Schweinefleisch im Verlauf des 19. Jahrhunderts fand natürlich auch das Sauerkraut seinen Platz auf dem Teller. Gewichtige Autoritäten auf dem Gebiet der Kochkunst wie der Schriftsteller Karl Friedrich von Rumohr gehörten dabei zu den Fürsprechern. So schrieb Rumohr 1822:

> „Sauerkraut wird häufig mit Fischen, Austern und andern Fastenspeisen vermischt. Doch scheint mir, daß es sich mit einem Brei von Kartoffeln, weißen Bohnen oder gelben Erbsen verbunden und mit einer Beilage von gesalzenem

Schweinefleisch auf gut Deutsch am besten verzehren läßt."[17]

Diese Empfehlung übernahmen vor allem wohl die Berliner, gehörte doch hier offenbar „Pökelfleisch mit Erbsen und Sauerkohl" zu den beliebtesten Gerichten der Restaurants[18]. Überhaupt schien die preußische Hauptstadt eine Vorliebe für das Sauerkraut zu hegen. Eine Stadtbeschreibung von 1844 nannte das Sauerkraut auch „das einzige volkstümliche Essen der Berliner"[19].

„Kohl ist eine Medizin in dem Magen und ein Doctor im Hause"[1]

Ob Kohl und Sauerkraut gesunde Speisen seien – darüber gingen in den letzten Jahrhunderten die Meinungen der Experten auseinander. Heute weiß man, daß Kohl und Sauerkraut aufgrund ihres hohen Gehalts an Vitaminen, Spurenelementen und Mineralstoffen der Gesundheit ausgesprochen förderlich sind. Die im Sauerkraut enthaltene Milchsäure übt u. a. einen sehr positiven Einfluß auf den menschlichen Verdauungsprozeß aus. Milchsäurebakterien spielen vermutlich auch eine Rolle bei der Hemmung der Entstehung krebserregender Substanzen im Körper[2].

Einigkeit herrschte auch in früheren Zeiten darüber, daß der Genuß von Kohl gewisse Verdrießlichkeiten mit sich bringen kann:

> *„Mancher fürchtet sich für eine Schüssel voll Kohl, wie für einen gegerbten Dudelsack, weil er glaubt, sein Magen werde nach dem Genuß in ebenso vielen Tönen, wie dieser von sich gibt, sich der Blähungen zu entledigen suchen."*[3]

Die Liste der körperlichen und seelischen Beschwerden, die die Ärzte auf den Genuß von Kohl zurückführten, ist lang, und man wundert sich, daß der verbreitete Kohlverzehr nicht mehr Unheil angerichtet hat. Kohl verursache ein „melancolisch gebluet", er sei schädlich für den Magen, man könne schlechter sehen und er „mache wee im gantzen leib und auch schwaer treüm"[4]. Der schwedische Arzt Rosenblad, der 1778 den medizinischen Wirkungen des Kohls eine eigene Broschüre widmete, hielt vor allem den Verzehr des schwer verdaulichen Sauerkrauts für gefährlich:

> *„...der unmäßige Genuß erregt oft Brechen, Beängstigung, Koliken, und zieht zuweilen, wenn ein Fieber auf diese Zufälle erfolgt, den Tod nach sich."*[5]

Die Frage ist nur, ob es denn der Kohl allein war, der diese Beschwerden verursachte, oder ob es nicht vielleicht noch mehr die

Art und Weise war, wie man ihn genoß und zubereitete: nämlich vor allem mit Unmengen von Fett. Der Arzt Hippolyt Guarinonius gehörte zu den Verteidigern des Sauerkrauts. In seiner Schrift „Die Greul der Verwüstung des menschlichen Geschlechts" nahm er 1610

D. Eberhard Rosenblads
öffentlichen Lehrers der praktischen Arztneykunst
auf der Universität zu Lund
in Schonen

Medicinische Abhandlung
von den
Wirkungen des Kohls.

Aus dem Lateinischen übersetzt.

Altenburg
in der Richterischen Buchhandlung.
1778.

Abb. 31: Ob Kohl gesund sei, darüber gingen die Meinungen auseinander. Titelblatt einer medizinischen Untersuchung zu diesem Thema, die 1778 erschien

das Sauerkraut wortreich gegen den Verdacht in Schutz, es sei für alle möglichen Übel verantwortlich. Es werde für:

> *„... ungesund, für schädlich angesehen, angefeindet, verachtet, seine Ehr abgeschnitten, und ihm die Schuld und Ursach aller Krankheiten gegeben. Sintemal wenn man nicher etwa ein etlich Wochen nach einander gesoffen, gefressen, und alle Unordnungen begangen, darüber er erkranket, dem unschuldigen Kraut die Schuld auftragen thut. Ein anderer hat ob einer Tafel eitel Geschleck, als etwan Austern, Schnecken und dergleichen gefressen, darob er billig erkrankt, hat das Kraut die Schuld haben müssen."*[6]

Zur Frage, ob denn Kohl gesund sei, gehörte nicht selten auch eine zweite Frage, nämlich, gesund für wen? Kohl sei, so meinte man, vor allem etwas für die einfachen Leute. Er solle gebraucht werden von „arbaitsamen leuten", meinte Johann Stockar 1538. Und gut 250 Jahre später brachte das „Diätetische Wochenblatt für alle Stände" die sozialen Unterschiede auf den Punkt:

> *„Die Kohlarten sind eine dienliche Speise für die, die ihn anpflanzen, nicht für die, so sich an der Schönheit des Gartens erfreuen. Wem der Himmel nicht eine gute Digestionskraft verliehen, und wer nicht Ursache hat mit seinem Magen recht zufrieden zu seyn, der entferne sich von allen Kohlschüsseln."*[7]

Vor allem für „sitzende" Berufe war der Kohl nach Meinung vieler nicht die geeignete Speise. Die Verbindung von Verdauungskräften und sozialer Position bot natürlich auch die Möglichkeit, ein wenig Kulturkritik an den gesellschaftlichen Verhältnissen zu üben, in denen die Menschen sich zu weit von der „Natur" entfernt hätten. Der Verfasser eines Artikels in der populärmedizinischen Zeitschrift „Der Arzt" argumentierte in diese Richtung. Seiner Meinung nach fühlten sich gerade diejenigen bei Kohl- und Rübengerichten am wohlsten, die, wie die Arbeiter und Bauern, sich am wenigsten von der „ursprünglichen" Bestimmung des Menschen zu Handarbeit und Ackerbau entfernt hätten. Leicht ironisch hieß es in dem Artikel:

„*Nur die zärtlichen, schwachen, kränklichen und vornehmen Leute können diese starke Kost nicht vertragen, weil sie gute Verdauungskräfte erfordert, die ihnen mangeln. Dieser Grund ist der einzige; denn außerdem findet man weder am Kohle, noch an den Rüben, schädliche Eigenschaften für die Gesundheit. Vielmehr sind die natürlichen Speisen, Gewürze und Arzeneyen, die uns die Natur selbst gab, weil sie die Kräfte der Verdauungsgliedmaßen wohl kannte, die sie uns beygelegt hatte, und wußte, daß sie aus ihnen den besten und gesundesten Nahrungssaft ausarbeiten würden. Allein, die gute Natur glaubte vielleicht, daß wir ewig vierschrötige Bauern bleiben wollten, die unsere Väter gewesen waren; denn für diese scheint sie allein gesorgt zu haben. Wir sehen es mit Erstaunen an den Leuten, die noch wie unsere Väter leben, wie sie bey dieser starken Kost so vergnügt, so gesund, so dauerhaft sind; wie sie so alt werden, und doch so jung bleiben und wie davon weder die Lümmels im Dorfe die Hypochondrie noch die Dorfdirnen Vapeurs bekommen. Was können sie sich nicht bei einer Schüssel von Kohl und Rüben zur Gute thun, und was wissen sie davon, ob der Sauerkohl, ob die Möhren, die Erdäpfel, die Zwiebeln und das Lauch, Blähungen, Drücken im Magen und Sodbrennen verursachen? Hingegen müßten wir armen Gelehrten, und unsere Städter und vornehmen Herren und Damen verzweifeln und bersten, wenn wir diese natürlichen Speisen genießen, und die Correctur der Köche entbehren sollten, die das für uns thun, was die Natur für die gemeinen Bauren gethan hat. Wir sind der gesittete Theil der Menschen, wir sind zärtlicher und gelehrter als die Bauren; darum hätte die Natur für uns am meisten sorgen sollen. Warum konnte das Land nicht eben sowol Pasteten tragen, als Erdäpfel.*"[8]

Der Kohl wurde allerdings nicht nur für allerlei Beschwerden verantwortlich gemacht, sondern er galt seit der Antike auch als ein Heilmittel für zahlreiche Krankheiten und Gebrechen.[9] Diese Tradition wirkte durch das Mittelalter bis in die Neuzeit hinein nach und blieb in der volkstümlichen Medizin lebendig[10]. Ein Echo dieser langen Tradition der medizinischen Wirkung des Kohls bei innerlichen und äußerlichen Krankheiten findet sich beispielsweise im Gartenbuch „Der verständige Gärtner" aus dem Jahre 1673. Über den Gebrauch des Kohls heißt es dort:

> *„Kohl-Safft ist gut zum verlohrnen Gehör, wan er in das Ohr getröpffelt wird. (...) Den Safft in Tüchern um Adern und Sehnen geschlagen, verstärcket selbige. Der Safft von der Nase aufgeholet, säubert Haupt, Gehirn und Brust. Der Saft mit Honig auffgequellet in die Augen gethan, verkläret das Gesicht. Der Safft mit Salz vermenget und getruncken, macht gelinde Stuhlgänge. Kohl-Safft ist gut vor die Cholice, dienet der Leber, Milz und Lungen. Ist gut vor die Schwindsucht, vor das Bodagra (Gicht), vor Lendenstein, treibt die Monatstunden und gibt Milch in die Büst. Kohlbläter in faule Wunden gelegt, säubert und geneset dieselbige. Auff den Kopff gelegt, machen sie feste Haare."*[11]

Auf die heilende Wirkung der Kohlblätter bei Entzündungen setzte auch der schwedische Arzt Rosenblad Ende des 18. Jahrhunderts. Allerdings entstanden bei dieser Therapie Probleme anderer Art für die Patienten:

> *„Wenn man die gestoßenen Kohlblätter in Gestalt eines Breyumschlags auf geschwollene und entzündete Brüste legt, so schaffen sie eine große Linderung, und befördern die Zertheilung; denn auf diese Weise dünstet der Saft nicht allmählich aus, sondern wirkt auf einmal, und mit gesamten Kräften. Die Wirkung dieses Mittels ist zuverläßig; allein unsere Damen können den widrigen Geruch nicht ertragen."*[12]

Seit der Antike gab es den Glauben, man könne mit Kohl den lästigen Begleiterscheinungen des übermäßigen Alkoholkonsums beggenen. Bereits Aristoteles hielt den Kohl für ein Mittel gegen die Folgen der Trunkenheit. Gestützt auf solche Autoritäten verbreiteten Koch- und Speisebücher, wie das „New Speisebüchlein" von 1588, gute Ratschläge:

> „Wer zwey oder drey Kohlbletter rohe mit Salz und Essig isset vor und nach der Mahlzeit, sagt Aristoteles, der wird nicht leichtlich truncken."[13]

Noch Krünitz' Lexikon referierte 1788 die Meinung zweier Ärzte und bot seinen Lesern nützliche Kohlrezepte:

> „Plater ist mit Bökler'n der Meinung, daß dieser Same der Trunckenheit auf das kräftigste wiederstehe. Nach ihrer Vorschrift nimmt man: Kohl-Samen, 1 Quent; Koriander-Samen ½ Qu(ent) und Campher, 2 Gran, stößt es zu Pulver, und nimmt es in der Trunkheit mit einem Spitzglase Wein ein. Wer die Absicht hat, viel Wein zu trinken, ohne davon betrunken zu werden, kann sich durch folgenden Syrupp des Plater's dazu vorbereiten: Man nimmt Saft von Kohl-Stängeln, von Granat-Aepfeln, und von Johannis-Beeren, von jedem 2 Unzen, und Essig, 1 Unze."[14]

Bei den meisten Ärzten hatte sich jedoch im 18. Jahrhundert bereits die Überzeugung durchgesetzt, daß es mit dieser Wirkung des Kohls nicht so weit her sei. Allenfalls der Kater am Morgen danach sei mit einer Portion Sauerkraut ein wenig zu lindern. Der geplagte Zecher fand deshalb bereits in Marpergers „Küch- und Keller Dictionarium" 1716 nur die kurze Mitteilung über den Kohl:

> „Ist auch kein Präservativ wider die Trunckenheit, wie einige dafür halten wollen, dann ob er gleich das davon entstandene Kopff-Wehe miltert, so bleibet er hingegen mit seinen Cruditäten in den Mägen liegen, jedoch ziehet er etlichermassen die rohe Feuchtigkeit des Weins an sich, und führet solche unterwerts ab."[15]

Es konnte also auch weiterhin die Devise gelten: „Auff einen Rausch gehöret ein Sauerkohl zum Frühstück."

Über den Gebrauch des vitaminreichen Sauerkrauts auf Schiffen wurde bereits berichtet. Ende des 19. Jahrhunderts machte sich auch die Naturmedizin die gesundheitsfördernden Wirkungen des Sauerkrauts zunutze. So schrieb Pfarrer Kneipp:

„Sauerkraut ist ein richtiger Besen für Magen und Darm. Es beseitigt störende Säfte und Gase, stärkt die Nerven und fördert die Blutbildung. Man sollte es auch dann essen, wenn anderer Kohl in der Diät verboten ist – natürlich in gemäßigten Mengen. Man soll ihn gut kauen und nichts dazu trinken."[16]

Kohl und Krieg (1914–1918)

„Weißkohl, du dauerhafter Ackerbürger, solides Wesen du, voll Urwüchsigkeit, wie könnten wir jetzt ohne dich den Speisezettel machen!"[1]

Genau dies fragten sich bald nach Kriegsbeginn im August 1914 Millionen von Deutschen. Sie werden dies allerdings auf eine weniger poetische Art getan haben, als es die Schriftstellerin Ida Boy-Ed hier in ihrem Beitrag zur Durchhalteliteratur unter dem Titel „Des Vaterlandes Kochtopf. Allerlei Rezepte für Küche und Herz in kriegerischen Tagen" tat.

Durch die von den alliierten Mächten verhängte Blockade kamen die Nahrungsmittelimporte nach Deutschland im Herbst 1914 weitgehend zum Erliegen. Die Versorgung der Bevölkerung mit Lebensmitteln verschlechterte sich daraufhin erheblich. Da beispielsweise auch der Import von Düngemitteln nicht möglich war, sank auch die landwirtschaftliche Produktion im Verlauf des Krieges, so daß schließlich die gesamte Nahrungsmittelmenge um ca. 45 % verringert wurde[2]. Was blieb, waren einheimische Gemüse und vor allem Kartoffeln. Und wenn es diese nicht mehr gab, dann gab es Steckrüben, wie im berüchtigten „Steckrübenwinter" 1916/17. Wie hieß es doch in einer offiziellen Broschüre des Innenministeriums über die Ernährung im Kriege, in der zu einem verstärkten Gartenbau aufgefordert wurde: „Die angeborene Freude des Deutschen an Natur und Pflanzen kann jetzt der Not dieser Kriegszeit dienen."[3]

Die außergewöhnlichen wirtschaftlichen Verhältnisse führten in Dithmarschen während des Ersten Weltkriegs zu einer ganz erheblichen Ausdehnung der Kohlanbaufläche. 1918 schließlich waren es in Norderdithmarschen 5478 ha und in Süderdithmarschen 4343 ha – ein Stand, der nie wieder erreicht werden sollte[4].

Der Anbau von Kohl wurde zu einem lohnenden Geschäft. Die „Dithmarscher Landeszeitung" schrieb im Februar 1916 rückblickend auf die vergangene Ernte:

„Einen hohen Preis hat das Getreide, gefüllte Taschen lieferten aber die Kohlfelder."[5]

Dieser finanzielle Anreiz veranlaßte viele Landwirte zu einer Ausdehnung des Kohlbaus auch auf eigentlich dafür nicht geeignete Böden. So wurden alte Weideflächen in den bisherigen Weidedistrikten an der Eider aufgebrochen und darauf, ebenso wie auf Geestflächen, Kohl angebaut[6].

In den ersten Kriegsmonaten hatte der Weißkohl, als ein bisher allzeit reichlich vorhandenes Massengemüse, nicht das Interesse der Behörden gefunden. Niemand vermochte sich vorzustellen, daß etwas so alltägliches wie Kohl einmal knapp und teuer werden könnte. Im Gegensatz zu anderen landwirtschaftlichen Erzeugnissen, wie beispielsweise Getreide, dessen Anbau und Absatz bald durch die Behörden kontrolliert und gesteuert wurde, blieben Kohlanbau und -verkauf bis Ende 1915 praktisch ohne Regelungen.

Die Nachfrage erhöhte sich in diesen Monaten allerdings ganz erheblich, u. a. durch die Großeinkäufe der Heeres- und Marineverwaltung sowie der Sauerkrautindustrie. Die Folge davon war ein rasanter Preisanstieg, nicht nur bei Kohl. Ein Beobachter schrieb 1915 rückblickend:

„Manche inländischen Gemüsearten hat man im Kriege wieder schätzen gelernt, und man würde sie bei erträglichen Preisen noch viel mehr lieb gewinnen. An der angemessenen Preisgestaltung hat es aber im Vorjahre vielfach gefehlt. Kohl, Möhren, Kohlrüben, Erbsen und Bohnen, die namentlich in den Gefangenenlagern, Lazaretten, Übungsplätzen usw. in Massen verbraucht wurden, kletterten vor Ende der Saison zu wahren Phantasiepreisen empor, die selbst im Trockenjahr 1911 nicht denkbar waren."[7]

Am 4. Dezember 1915 wurde eine Verordnung über Höchstpreise beim Kohl in Kraft gesetzt, die den Erzeugerpreis auf 2,50 Mk. pro Zentner bestimmte. Der Marktpreis hatte zu diesem Zeitpunkt bereits eine Höhe von 6 Mk. pro Zentner erreicht[8]. Knapp sechs Wochen später, am 25. Januar 1916, sahen sich die Behörden aber gezwungen, diese Verordnung wieder aufzuheben und einen neuen Höchstpreis von 4 Mk. pro Zentner festzulegen. Zu den alten Preisen war keine Ware mehr auf den Markt geliefert worden. Da die neue

Verordnung vorsah, daß örtliche Behörden die Preise nach eigenem Ermessen höher setzen konnten, ergab sich jetzt die Situation, daß der Kohl vor allem in die Regionen versandt wurde, in denen es die höchsten Preise gab. Am 8. April 1916 hoben die Behörden die Höchstpreisregelung dann gänzlich auf. Mit dieser Maßnahme sollte der Anreiz erhöht werden, Kohl anzubauen. Tatsächlich aber wurde auf diese Weise der Spekulation jetzt Tür und Tor geöffnet:

> *„Als ein Hauptgrund hierfür stellte sich sehr bald heraus, daß Händler aller Art in übermäßiger Weise Gemüse aufkauften, um es den verarbeitenden Industrien, vorwiegend den Dörrgemüse- und Sauerkrautfabriken, zu liefern. Hierbei wurde keinerlei Rücksicht auf die augenblicklichen Bedürfnisse der Bevölkerung genommen, und die Preise waren derart, daß das kaufende Publikum nur geringe Mengen erwerben konnte, während Dörrfabriken und Sauerkraut-Einlegereien in Erwartung später eintretender Knappheit und damit vorteilhafter Absatzmöglichkeit für ihre Fabrikate jeden Preis anzulegen gewillt waren. Aus dem Rheinlande kamen zuverlässige Nachrichten, daß ganze Weißkohlfelder in unreifem Zustand in Bausch und Bogen zu hohen Preisen von Dörrobstfabriken erworben und daß dafür Preise gezahlt würden, nach denen der Zentner Weißkohl mit etwa 14 M. gegen einen Friedenspreis von etwa 1 M. vergütet wurde."* [9]

Diese Verhältnisse führten zu einer Verordnung am 15. Juli 1916, die zunächst einmal die Herstellung von Dörrgemüse und Sauerkraut verbot, um so das Gemüse für den Frischverbrauch zu erhalten. Von all diesen staatlichen Maßnahmen war in Dithmarschen zunächst nur wenig zu spüren[10]. Der größte Teil der Ernte war nämlich bereits vor der Festsetzung von Höchstpreisen am 4. Dezember 1915 verkauft worden. Schwierigkeiten im Kohlanbau hatte es im Herbst 1915 lediglich beim Eisenbahntransport gegeben, da es wiederum an Wagen fehlte. Nach einer Eingabe der Wesselburener Kirchspielsvertretung an das Generalkommando und das zuständige Ministerium verbesserten sich die Transportverhältnisse jedoch, wie ein Bericht der „Dithmarscher Landeszeitung" am 26. Oktober 1915 zeigt:

"Der Versand von Weißkohl ist in den letzten Tagen sehr lebhaft. Am Sonnabend liefen zwei Güterzüge hauptsächlich mit Kohl auf der Strecke Büsum – Heide und ein größerer Güterzug auf der Strecke von Lunden nach Heide ein, so daß wohl an 100 Wagen mit Kohl dort gleichzeitig auf dem Bahnhof standen. Rechnet man den Zentner Kohl nur mit 4 Mk., so ergibt das bei einem Ladegewicht von 200 Zentner für den Wagen, einen Wert von 80 000 Mark."

Die Anbaubedingungen in Dithmarschen hatten sich insgesamt gegenüber der Vorkriegszeit bisher nicht wesentlich verschlechtert. Dünger gab es zunächst noch ausreichend und ohne erhebliche Preissteigerungen. Entgegen den vorherigen Befürchtungen der Landwirte standen auch nach Kriegsbeginn genügend Arbeitskräfte zur Verfügung. Die noch in Dithmarschen befindlichen Saisonarbeiter waren zunächst interniert worden und konnten so weiterbeschäftigt werden[11]. Daneben wurden u. a. verstärkt Frauen und Kinder beim Kohlpflanzen beschäftigt. Auch Schüler hatten ihre patriotische Gesinnung unter Beweis zu stellen und an der „Heimatfront" ihren Beitrag zu leisten:

„Zur Verrichtung landwirtschaftlicher Arbeiten wurde gestern eine Anzahl von Schülern der Oberklassen unserer hiesigen Bürgerschule (Meldorf) beurlaubt. Die jugendlichen Arbeiter haben in Busenwurth Weißkohl gepflanzt."[12]

Den Bauern standen für die Landarbeit auch Kriegsgefangene zur Verfügung. Am 1. Dezember 1916 gab es in Süderdithmarschen 1108 und in Norderdithmarschen 1324 Kriegsgefangene[13]. Von ihnen arbeitete eine beträchtliche Anzahl auch im Kohlanbau. Unter diesen für die Kohlbauern insgesamt günstigen Umständen kann es nicht verwundern, daß Heinrich Clausen im „Landwirtschaftlichen Wochenblatt für Schleswig Holstein" 1917 den Anbau von Kohl wärmstens empfahl:

Bei der großen Nachfrage der letzten Jahre nach Gemüse haben sich die Preise so gestaltet, daß der Kohlbau zu den lohnendsten Kulturarten gehört."[14]

Im Verlauf des Jahres 1916 wurden dann verschiedene Behörden geschaffen, die künftig innerhalb einer zentral gelenkten Kriegswirtschaft die Bewirtschaftung der Waren übernehmen sollten. Für den Bereich des Gemüsebaus entstanden u. a. im Sommer 1916 die „Reichsstelle für Gemüse und Obst" (RGO), die „Kriegsgesellschaft für Dörrgemüse" sowie die „Kriegsgesellschaft für Sauerkraut". Am 21. Oktober 1916 wurde auch für Dithmarschen eine zwangsweise Absatzregelung eingeführt. Danach durfte der Kohl jetzt nur noch gegen Lieferungsverträge, die die Kriegsgesellschaften überwachten, und zu einem festgesetzten Preis verkauft werden. Wiederum waren die Auswirkungen jedoch zunächst verhältnismäßig gering, da ein Großteil der Ernte bereits zuvor zu hohen Preisen verkauft worden war. Der verbliebene Rest fand dann zu einem Preis von 3 Mk. pro Zentner immer noch einen guten Absatz[15]. Möglicherweise kam der Dithmarscher Kohl in diesen Monaten auch zu erstem Filmruhm. In einer Anfrage an den Oberpräsidenten des Regierungsbezirks Schleswig hatte das Kriegsministerium im August 1916 Bilder oder Filme von Vorgängen angefordert, „...in denen durch Massenwirkung unsere militärischen, wirtschaftlichen und industriellen Errungenschaften"[16] dem neutralen Ausland vorgeführt werden könnten. Dafür kämen beispielsweise auch Bilder in Frage, die die Ernährungssituation beträfen. Bei der anschließenden Beschaffung dieses Propagandamaterials wurden auch die Landräte der Kreise eingeschaltet. Der Landrat aus Heide berichtete daraufhin am 28. September nach Schleswig:

> *„Während der Zeit der Kohlernte treffen täglich viele Eisenbahnwagen mit Kohl in Heide ein. Die Züge führen oft 50 und mehr mit Kohl beladene Wagen mit sich. Ein solcher sogenannter Kohlzug dürfte sich sehr gut zur kinematographischen Aufnahme eignen, hier sind aber keine Firmen vorhanden, die solche Aufnahmen vornehmen können."*[17]

Ob ein solcher Film fertiggestellt wurde, war nicht zu ermitteln. Auf jeden Fall gab es aber im November 1917 eine Filmvorführung in der Tonhalle in Wesselburen unter dem Titel „Die Kohlfelder Wesselburens"[18].
In der Zeit vom 24. Oktober 1916 bis zum 10. Januar 1917 kaufte

50 Waggon Kohl
für Rüstungsindustrie und Städte
zu kaufen gesucht.

S. Oberg, zugel. zum Handel mit Lebens- u. Futtermittel, **Kappeln**
Fernsprecher 172. (Schlei).

---

10 Waggon Weißkohl
für - Schwerarbeiter auf Ausfuhrschein zu kaufen gesucht.
Offerten unter H. 1364 an Heinr. Eisler, Ann.-Exp.,
Hamburg 8.

Abb. 32 u. Abb. 33: Kohl wird zu einer begehrten Ware. Anzeigen aus der Dithmarscher Landeszeitung vom 17. September und 6. Dezember 1917

die RGO reichsweit insgesamt mehr als 107 000 Tonnen Weißkohl auf und leitete ihn an verschiedene Großverbraucher weiter. Mehr als die Hälfte ging dabei an Sauerkohlfabriken. Daneben erhielten u. a. Dörrfabriken, Militärbehörden und einzelne Städte bestimmte Kontingente von Weißkohl zugeteilt[19].

Für die Behörden bestand das Problem, mit den knappen vorhandenen Mengen die unterschiedlichsten Ansprüche befriedigen zu müssen. So gab es im Dezember 1916 noch einen Restbestand von 3000 Waggons Winterkohl aus Schleswig-Holstein, der noch nicht zur Verteilung gekommen war. In einer Besprechung zwischen Vertretern der RGO, des Deutschen Städtetags und der Sauerkrautindustrie versuchte man, zu einer Übereinkunft zu gelangen:

> *„Es trat hierbei der Wunsch zu Tage, den restlichen Weißkohl zur Hauptsache dem Frischverbrauch zuzuführen, da an frischem Gemüse ein außerordentlich großer Mangel herrscht. Nur etwa 500 Wagen sollen an die Dörrgemüse Industrie abgeliefert werden, um ihr Material für die Erfül-*

> *lung ihrer Verträge mit dem Heer zu geben. Allerdings sind aus den verbleibenden 2500 Wagen auch die Ansprüche der immobilen und mobilen Truppen zu befriedigen. Das Feldheer nimmt nur wenig Frischware, dagegen ist der Bedarf der immobilen Truppe ein recht bedeutender."*[20]

Um die Versorgung der Armee zu erleichtern und vor allem die Transportprobleme zu verringern, hatte die Heeresverwaltung damit begonnen, in den besetzten Gebieten in Belgien eine selbständige Landwirtschaft aufzuziehen, zu der auch Gemüsebau zählte. Die Ergebnisse entsprachen dabei jedoch nicht immer den Hoffnungen, so daß sich die Militärbehörden um „Fachleute" bemühten. Im März 1917 wandte sich die Versandabteilung der RGO in Gent an den Wesselburener Amtsvorsteher mit der Bitte:

> *„... uns eine grössere Anzahl Dithmarscher Landwirte namhaft zu machen, welche als Leiter eines Feld-Gemüsebaues geeignet sind und welche wir den militärischen Stellen vorschlagen können."*[21]

Weil keine prompte Antwort erfolgte oder weil Bedenken laut geworden waren, meldete sich die Versandabteilung kurz darauf erneut in Wesselburen und wies vorsorglich darauf hin:

> *„... daß durch den militärisch geleiteten Feldgemüsebau hier im Westen eine spätere Concurrenz für den Dithmarscher Gemüsebau nicht zu erwarten ist.*
> *Der feldmäßige Gemüsebau wird hier nur für die Dauer des Krieges eingerichtet, damit auch in Gemüse die Heeresverpflegung auf eigene Füsse gestellt und dadurch die Heimat entlastet wird; abgesehen davon sind die Franzosen und Belgier keine Kohlesser und wird dadurch nach Beendigung des Krieges der Anbau in Weißkohl, Rotkohl und Wirsing in den besetzten Gebieten des Westens wieder vollständig eingehen."*[22]

Ob dieser militärischen Landwirtschaft ein größerer Erfolg zuteil wurde, bleibt ungewiß. Noch einmal kam diese Angelegenheit in einer Notiz in der „Dithmarscher Landeszeitung" vom 16. April 1917 zur Sprache, in der über einen Brief des Dithmarscher Kohlbauern Gustav Witt an den „Heider Anzeiger" berichtet wurde. Witt erzählte in diesem Brief, daß er zusammen mit hohen Offizieren und dem Vorsitzenden des Verbandes deutscher Gemüsezüchter, Amtsrat Koch, am 8. März an einer Konferenz über den Stand des Feldgemüsebaus an der Westfront teilgenommen habe. Dort seien auch die bisherigen Anbauergebnisse vorgestellt worden:

„Das beste Resultat, Spezialfach Kohl und Kohlrüben, hätten die Gemüsefelder eines Unteroffiziers aus Dithmarschen erzielt, die schon früher von Amtsrat Koch als maßgebende Anlage der ganzen Westfront bezeichnet ward; sie seien nicht nur die bestbewirtschafteten in ihrer Anlage gewesen, sondern sie hätten weitaus das glänzendste Resultat erzielt."[23]

Im weiteren Verlauf der Konferenz sei auch Witt um Stellungnahme gebeten worden, wobei er den militärischen Stellen geraten habe, Dithmarscher Kohlbauern anzufordern. Dem Brief an den „Heider Anzeiger" habe ein Bild der Kohlfelder beigelegen mit der Widmung:

„De dütsche Ekboom wackelt nie,
he steiht op fasten Grund,
Dithmarscher Kohlburn fackelt nie –
Un geiht' ok noch so bunt."

Im Verlauf des Jahres 1917 verschlechterte sich die allgemeine Versorgungslage weiter. Im Februar und März kamen die Reste des Holsteiner Winterkohls zur Verteilung:

„Die Ware ist durch den strengen Frost in den Mieten zum Teil Frost beschädigt, doch wurden sie von den Städten anstandslos übernommen."[24]

Für die Kohlanbauer stellte sich jetzt verstärkt das Problem, daß der notwendige Dünger immer schwerer zu bekommen war. Anbau-

> Im Auftrage von Stadtverwaltungen und Großverbrauchern
> schließe ich auf Grund von der Reichsstelle herausgegebene Verträge
> # Anbauverträge in Kohl, Möhren und
> # Kohlrüben
> und liefere auf Wunsch schwefels. Ammoniak. **Ernst Beuer, Wismar.**
> Telefon 512.

Abb. 34: *Anzeige aus der Dithmarscher Landeszeitung vom 29. Mai 1917*

verträge über Weißkohl wurden daher häufig mit der Lieferung einer bestimmten Menge Kunstdünger seitens des Käufers verbunden. Derjenige, der Dünger bieten konnte, auf welche Weise auch immer, erhielt den Vorzug bei Vertragsabschluß.

Bei einer insgesamt nur mittelmäßigen Ernte hatten die Bauern vor allem im Sommer 1917 hohe Preise erzielen können. Die in Schleswig-Holstein eingerichtete Provinzialstelle für Gemüse und Obst nahm ihre Tätigkeit zu spät auf, um auf die Frühkohlvermarktung noch größeren Einfluß nehmen zu können. Wegen der Dürre hatte der Kohl 1917 stark unter Schädlingsbefall zu leiden. Da die chemischen Mittel fehlten, empfahl die Landwirtschaftskammer Handarbeit:

> *„Zur Bekämpfung empfiehlt es sich, die Raupen von allen Pflanzen abzusammeln und die Schmetterlinge einfangen zu lassen. Die zeitraubende, aber sehr lohnende Arbeit kann von Kindern sehr gut ausgeführt werden. Diese Art der Bekämpfung ist den chemischen Mitteln vorzuziehen, da letztere in jetziger Zeit nicht oder sehr schwer zu beschaffen sind, auch erfordert sie weniger Zeit und geringere Kosten."*[25]

Zwei Zeitungsnotizen aus dem Jahre 1917 werfen ein Schlaglicht auf die Versorgungs- und Ernährungslage in Dithmarschen. Die „Dithmarscher Landeszeitung" berichtete in Juli:

> *„Mit dem zunehmenden Kohlversand finden sich auf dem hiesigen Bahnhof wieder vielfach Kinder ein, um beim Verladen etwa auf die Erde gefallenen Kohl in mitgebrach-*

ten Säcken usw. nach Hause zu schleppen. Wie die Bahnverwaltung mitgeteilt hat, werden die Bahnpolizeivorschriften auf das strengste angewandt. Nicht nur die betr. Kinder, sondern auch deren Eltern sollen zur Anzeige gebracht und bestraft werden."[26]

Und etwa einen Monat später, im August 1917, hieß es dann in derselben Zeitung:

„*Nachdem die Kohlverlader auf dem Wesselburener Bahnhof einen Wächter anstellten, um das Entwenden von Kohl zu verhindern, werden jetzt die Wagen unterwegs ausgeplündert. Mit affenartiger Geschwindigkeit klettern Knaben und Mädchen auf das Fuhrwerk und werfen Kohlköpfe herunter. Kürzlich kam hierbei ein Bursche zu Fall und wäre sicher unter die Räder geraten, wenn nicht der Fuhrmann seine Pferde sofort zum Stehen gebracht hätte.*"[27]

Im Herbst erschwerte schlechtes Wetter die Ernte, so daß Ende Oktober 1917 große Teile des Septemberkohls noch nicht vom Felde gebracht waren[28]. Um einem Mangel an Kohl vor allem für die verarbeitende Industrie abzuhelfen, importierte die RGO, wie schon in früheren Jahren, größere Mengen Weißkohl aus Dänemark und Holland.

Zu einem im wahrsten Sinne des Wortes „kostbaren" Gut wurde im Verlauf der Kriegsjahre das notwendige Saatgut für den Kohlbau. Die Nachfrage, vor allem beim begehrten Frühkohl, überstieg bei weitem das Angebot. Einzelne Gärtner annoncierten bereits Mitte November 1918, daß sie jetzt Bestellungen für Frühkohlpflanzen entgegennähmen. Die Folgen dieser Knappheit waren einerseits astronomische Preise, andererseits zunehmend unseriösere und betrügerische Geschäftspraktiken im Saatguthandel. So mancher Anbauer hat vermutlich mit wachsender Ungeduld sein Frühkohlfeld beäugt, ohne daß sich dort etwas tat: Statt der gewünschten Frühkohlsaat hatte man ihm die Saat von späteren Sorten untergeschoben. Preise von 500 bis 1000 Mk. für das Pfund Kohlsaat wurden 1917 gezahlt. Eine Wesselburener Chronik vermerkte unter dem Datum vom 3. April 1918:

Eine Partie Kohlsamen
eingetroffen:

Weißkohl, dän. Winter,
„ großer früher Sept. (Holl).
„ „ später „ „
Rotkohl, Herbst und Winter,
Wirsing, großer gelber Holl.,
Turnips, für ganz leichte Böden.

Eine kleine Partie Frühkohlsamen gegen Frühgemüse-Abschluß.
Bestellungen, die der Reihe nach ausgeführt werden, erbittet umgehend

Meldorf.   **Carl Andersen,**   Telefon 185.

Abb. 35: Anzeige aus der Dithmarscher Landeszeitung vom 13. März 1918

„Kohlsamenpreise steigen stark, ein Pfund 1200 M., dabei wird viel Schund geliefert."[29]

Mit dem Steigen der Preise und der Knappheit des Saatguts stieg auch die Versuchung für manchen, einfach zuzugreifen. Dem Gemüsegroßhändler Jäger in Wesselburen wurden im August 1918 Frühkohlsamen im Handelswert von 10 000 Mk. gestohlen. Damit ihm nicht ähnliches passierte, griff mancher zu radikalen Mitteln. So berichtete die „Dithmarscher Landeszeitung" 1918:

> Besonders hat man es auf den vor der Reife stehenden Frühkohlsamen abgesehen, für den kaum glaubliche Preise gefordert und gezahlt werden; man hört von 800 bis 900 Mk. das Pfund und darüber. Ein Einwohner in Schülp hat gegen 180 Pfund dieses begehrten Saatgutes auf dem Stengel sitzen. Nachts wohnt der Züchter Gewehr bei Fuß bei seinem wachsenden Vermögen."[30]

Die staatliche Bewirtschaftung des Kohlanbaus erreichte im letzten Kriegsjahr ihren Höhepunkt. Der Kohlabsatz sollte fast ausschließ-

Anbauverträge
Möhren-, Weiß-, Rot- und Wirsingkohl
für die Stadt Berlin vermittelt, gegen Lieferung von
schwefelf. Ammoniak und Samen
Friedrich Kock, Fernsprecher 77.

Abb. 36: Anzeige aus der Dithmarscher Landeszeitung vom 21. Januar 1918

lich über Ablieferungs- und Anbauverträge geschehen, die über die Kontrollbehörden abzuwickeln waren. Allerdings ging mit der stärkeren Bewirtschaftung auch ein stärkerer Mißbrauch einher. Bei den zu erwartenden Hektar-Erträgen wurde manchmal nur von geringen Vorausschätzungen ausgegangen, so daß bei der Ernte später ein erheblicher Überschuß blieb, der dann illegal verkauft werden konnte. Gelegenheit dazu gab es genug, wie Harald Boysen in seiner unmittelbar nach Kriegsende entstandenen Dissertation anschaulich schilderte:

> *„Eine Unmenge von Händlern und Agenten, sogenannten Kohlschiebern bevölkerte im Herbst 1918 geradezu die Hauptorte in den Kohlbaugegenden Dithmarschens, besonders Wesselburen. Diese Kohlhändler, die im Typ von den alten bedächtigeren Friedenskohlkäufern durch ungewöhnliche Jugendlichkeit, steter Zigarette und stets voller Brieftasche abstachen, waren stets mit Freuden bereit, jedes Quantum Kohl zu kaufen. Der Preis machte selten Schwierigkeiten. Diesen irregulären, rechtswidrigen Verkauf vom Erzeuger an den Händler erleichterte wiederum auch die reiche Kohlernte. 1918 waren ha Erträge von 2000 Zentnern Kohl gar nicht selten."*[31]

1918 wurde die Kohlanbaufläche in Dithmarschen noch einmal kräftig ausgedehnt. Sie stieg von ca. 6800 ha 1917 auf 9822 ha 1918. Etwa 90 % der Ernte in Dithmarschen war 1918 durch Lieferverträge gebunden. Diese ungewohnte Sicherheit des Absatzes führte zu einer erheblichen Veränderung im Anbau. Im Gegensatz zu früheren Jahren wurde jetzt sehr viel weniger Dauerkohl angebaut, dafür um so mehr Frühkohl und vor allem mehr Septemberkohl[32]. Diese Anbauentscheidung, die hinsichtlich der allgemeinen Versorgungslage problematisch war, da Septemberkohl weniger haltbar ist, hatte ihre Ursache in der Preispolitik der Behörden. Diese hatten den Höchstpreis bei Winterkohl auf 4 Mk. festgesetzt, den für Septemberkohl auf 3 Mk. Letzterer erbrachte jedoch sehr viel höhere Hektarerträge als der Winterkohl. Einzelne Landwirte bestellten jetzt bis zu 50 % ihres Landes mit Kohl. Dabei wurde der Anbau auch auf Geestgebiete ausgedehnt. So transportierte die Kreiskleinbahn erhebliche Mengen von Kohl aus der Norderdithmarscher Geest ab:

	1918/19	1919/20
August	130,5 Tonnen	–
September	1434,3 Tonnen	79,2 Tonnen
Oktober	2032,9 Tonnen	699,2 Tonnen
November	1949,3 Tonnen	649,2 Tonnen
Dezember	1024,9 Tonnen	549,3 Tonnen
Januar	666,5 Tonnen	70,0 Tonnen
Februar	90,4 Tonnen	135,8 Tonnen
März	9,3 Tonnen	–
Gesamt	7738,1 Tonnen	2182,9 Tonnen[33]

Trotz der großen Ernte war die Versorgung der Städte mit Gemüse offenbar sehr unterschiedlich im Umfang und vor allem unregelmäßig. Ende September verschlechterte sich die Stimmung der Bevölkerung beispielsweise in Altona zunehmend, da es Obst und Fleisch so gut wie gar nicht mehr gab und auch die Gemüseversorgung sehr mangelhaft war. Die besondere Ursache dafür sahen Beobachter in der Preispolitik der RGO. Sie hatte den Erzeugerhöchstpreis bei Weißkohl abrupt von 8 Mk. auf 4 Mk. pro Zentner gesenkt. Die Folge war, daß die Bauern den Kohl weiter auf dem Felde ließen in der berechtigten Hoffnung, daß bald ein höherer Preis festgesetzt würde[34].

Eine weitere Schattenseite der Kriegswirtschaft war die häufig schlechte Qualität der gelieferten Ware. Durch die Lieferverträge waren die Bauern lediglich dazu verpflichtet, den Kohl zur nächsten

Bahnstation zu schaffen. Nach der Verladung ging die Ware in die
Verantwortung des Käufers über. Unter diesen Umständen, und da
bei der herrschenden Nachfrage mit Reklamationen nicht zu rechnen
war, wurde auf die unter normalen Verhältnissen übliche sorgfältige
Behandlung des Kohls weitgehend verzichtet. In einer Denkschrift
für die RGO vom 28. Oktober 1918 kritisierte ein Hamburger
Gemüsegroßhändler dann auch scharf die herrschenden Praktiken
und sprach sich gegen die Bewirtschaftung bei Gemüse überhaupt
aus. Seiner Erfahrung nach:

> *„... werden die geernteten Gemüse zum großen Teil in durchaus nicht handelsüblicher Weise geliefert. Unsortiert, mit Erde und Schmutz und allen anderen sonstigen Fehlern, wird die Ware verladen und mehr oder weniger dem Verderben ausgesetzt."[35]*

Kohlköpfe wurden schlecht oder gar nicht geputzt, schlechte Ware
nicht ausgelesen und ganze Ladungen möglichst schnell mit der Forke
verladen.[36] Der durch die chaotischen Verkehrsverhältnisse bedingte
häufig lange Transport verbesserte die Qualität des angestoßenen
Kohls auch nicht, so daß beim Empfänger nicht selten nur die
traurigen Reste ankamen, wie im Januar 1919 in Wandsbek:

> *„Die Zufuhr an Frischgemüse war zuletzt reichlich, aber schlecht. Es kam selten ein Waggon mit guter Ware, dagegen der Weisskohl aus Norderdithmarschen meist mit einer Entwertung von 30 oder mehr v. H., auch befand sich viel aufgesprungener Herbstkohl darunter."[37]*

Sauerkraut im Krieg

Während des Krieges wuchs die Nachfrage nach Sauerkraut in einem ungeahnten Ausmaße. Als ein haltbares Wintergemüse, das ohne einen größeren technischen Aufwand herzustellen war, und noch dazu aus einem Gemüse, das auf heimatlichem Boden in großem Umfange gedieh, entsprach es ganz den Ansprüchen der Zeit. Im folgenden geht es um das in Fabriken hergestellte Sauerkraut, nicht um das aus dem eigenen Haushalt. Im Gegensatz zu Kohl, der zwar Absatzbeschränkungen unterworfen, aber nicht rationiert war, wurde das Sauerkraut aus den Fabriken aufgrund von Bezugsscheinen verteilt[1].

Die Zahl der Betriebe, die Sauerkraut herstellten, nahm zwischen 1914 und 1918 um ein Vielfaches zu: Sie stieg von 231 auf ca. 1600 in der zweiten Kriegshälfte[2]. Allerdings darf man sich hierbei nicht in jedem Fall Sauerkrautfabriken vorstellen, wie sie vor dem Kriege bestanden hatten. Produziert wurde jetzt überall, wo es eben ging: in Schuppen, stillgelegten Fabriken und Verschlägen – und das nicht selten von Leuten, die sehr wenige Kenntnisse auf diesem Gebiet besaßen. Viele dieser „Fabriken" mußten daher unmittelbar nach Kriegsende ihren Betrieb wieder einstellen.

Eine naheliegende Idee war es, Sauerkrautfabriken unmittelbar in einem Anbaugebiet zu errichten. So konnten die kostspieligen und während des Krieges schwierigen Transporte zumindest verringert werden. Unter den außergewöhnlichen Verhältnissen der Kriegswirtschaft entstanden auch in Dithmarschen an mehreren Orten Sauerkrautfabriken, obwohl hier ein Absatzgebiet bekanntlich fehlte. Bei den Sauerkrautfabriken handelte es sich meistens um Zweigbetriebe von bereits bestehenden auswärtigen Firmen. So unterhielt der Essener Sauerkohlfabrikant Johann Kuhlendahl Betriebe in Reinsbüttel, Wesselburen, Friedrichskoog[3] sowie später vermutlich auch in Marne. Die Hamburger Firma Krohn produzierte seit 1915 in den Gebäuden der leerstehenden Zuckerfabrik in Wesselburen Sauerkraut. Zunächst wurden zwölf Frauen und acht Männer beschäftigt. Als die Fabrik im Dezember 1916 ausbrannte, arbeiteten hier 50 Personen[4]. Eine weitere Sauerkrautfabrik befand sich in der Nähe des

> **Sauerkohlfabrik.**
>
> Das am Bahnhof Hemmingstedt belegene
> Fabrikgebäude mit Windmotor, Schrot-
> mühle, kompl. Maschinenanlage der Sauer-
> kohlfabrik, Transmission, Bottiche u. allem
> Zubehör soll zum Abbruch verkauft werden.
> Kaufangebote sind bis zum 1. Mai einzureichen an
>
> **J. D. Bösch, Meldorf.**

Abb. 37: Die meisten der während des Krieges in Dithmarschen entstandenen Sauerkrautfabriken stellten nach Kriegsende ihren Betrieb wieder ein. Anzeige aus der Dithmarscher Landeszeitung vom 20. April 1920

Bahnhofs Hemmingstedt. Sie wurde vermutlich 1920 abgerissen[5]. Die Geschichte der Marner Sauerkohlfabrik von Gravenhorst, deren Einrichtung heute im Meldorfer Landwirtschaftsmuseum zu sehen ist, begann erst während des letzten Kriegsjahres 1918. Die Chemnitzer Sauerkraut- und Gemüsefabrik Ernst Claussnitzer[6] hatte im Frühjahr des Jahres den Antrag gestellt, in den Räumen der Häckselschneiderei von H. C. Gravenhorst eine Sauerkrautfabrik einzurichten. In einem Schreiben vom 19. April 1918 befürwortete daraufhin die zuständige Provinzialstelle für Gemüse und Obst in Kiel das Vorhaben:

> *„...damit die äussert ungünstigen, die Eisenbahn sehr belastenden Weisskohltransporte aus dem holsteinischen Erzeugergebiet nach Sachsen wesentlich gemindert werden. Bei einer Leistungsfähigkeit von 10 Waggons pro Tage würde durch diese Anlage eine Entlastung von 1000–1500 Waggons für die Ernteperiode 1818/19 erreichbar sein, die von den Landwirten per Fuhre ohne Inanspruchnahme der Bahn abgeliefert werden könnten. Ins Gewicht fällt weiter, dass die Firma Ernst Claussnitzer, Chemnitz, Sauerkraut in der Hauptsache für die Heeresversorgung herstellt. Damit die Anlage zu Beginn der Erntezeit fertiggestellt ist, dürfen Verzögerungen in der Beschaffung der Baumaterialien keinesfalls eintreten."*[7]

Zu den befürchteten Verzögerungen kam es jedoch trotzdem, da Baumaterialien wie Zement und Moniereisen, die für die geplanten massiven Gärbehälter notwendig waren, nicht in ausreichender

Menge beschafft werden konnten. Statt dessen wurde vereinbart, hölzerne Gärbottiche aus stillgelegten Fabriken der Firma Claussnitzer, möglicherweise aus Chemnitz, nach Marne zu schaffen und sie hier wiederzuverwenden. Ob die Produktion, bei der ca. 40 Personen beschäftigt werden sollten, trotzdem noch 1918 aufgenommen werden konnte, geht aus den vorhandenen Unterlagen nicht hervor. Die Bauerlaubnis für notwendige Umbaumaßnahmen in der bisherigen Häckselschneiderei wurde jedenfalls erst am 11. September 1918 erteilt.

Entsprechend der kriegswirtschaftlichen Organisation auf anderen Gebieten der Wirtschaft wurde 1916 die sog. Kriegsgesellschaft für Sauerkraut (KGS) mit Sitz in Berlin gegründet[8]. Diese Gesellschaft war ein Zusammenschluß führender Sauerkrauthersteller zu einem gemeinnützigen Unternehmen in der Rechtsform einer GmbH. Die Beschlußorgane dieser GmbH waren den Weisungen eines Beauftragten des Reichskanzlers unterstellt. Diese Kriegsgesellschaft, die mit öffentlich-rechtlichen Befugnissen ausgestattet war, sollte im Auftrage der Behörden tätig werden und den Weißkohl für die Verarbeitung beschaffen sowie später das fertige Sauerkraut verteilen. Von Anfang an litt die Arbeit der KGS unter einem empfindlichen Warenmangel. So hieß es im Geschäftsbericht vom November 1916:

„Die Kriegsgesellschaft richtet ihr ganzes Bestreben darauf, dass nach ausreichender Sicherstellung des Bedarfs des Heeres und der Marine vor allen Dingen ausreichende Mengen Sauerkraut für die gemüsearme Zeit in den nächsten Frühjahrsmonaten bereit gestellt werden."[9]

Bis Oktober 1916 waren von den Firmen insgesamt ca. 70 000 Tonnen Sauerkraut eingeschnitten worden, was etwa einem Viertel des Durchschnittsverbrauchs der letzten drei Jahre entsprach. Im Geschäftsbericht hieß es dann weiter:

„Verfügbare Mengen Sauerkraut sind zur Zeit wenig vorhanden, da den Fabriken die halbfertige Ware von den Konsumenten fortgeholt wird. Es haben sich infolgedessen speziell die Berliner Fabriken veranlaßt gesehen, den Verkauf von Sauerkraut für 14 Tage zu sperren. Wir beabsichti-

gen, den Fabriken eine Zurückhaltung von ca. 30% ihrer Produktion für die Frühjahrsmonate aufzuerlegen und hoffen dadurch von einer Zwangsrationierung des Sauerkrautes absehen zu können."

Bei der Verteilung im Februar 1917 wurden zunächst die Industriegebiete im Rheinland, in Westfalen, Sachsen und Schlesien mit Sauerkrautlieferungen bedacht.

Da der Bedarf, auch infolge der extremen Kartoffelknappheit, ständig weiter stieg und die Fabriken keinen Weißkohl mehr erhielten, begann man im Winter 1916/17 damit, auch Rüben einzuschneiden. Am 8. Dezember erbat deshalb die Kriegsgesellschaft in einem Schreiben an das Bayerische Innenministerium eine Ausfuhrgenehmigung für Stoppelrüben, da diese in Norddeutschland wenig angebaut würden:

„Bei der ausserordentlich spärlichen Belieferung der Sauerkrautfabriken mit Weisskohl und da durch unsinnige Preistreibereien diesen der Kohl weggekauft wurde, müssen wir darauf bedacht sein, der Sauerkrautindustrie einen Ersatz zu schaffen. Diesen Ersatz haben wir in der Stoppelrübe gefunden. Dieselbe lässt sich vorzüglich zu Sauerkraut verarbeiten und bildet tatsächlich einen vollwertigen Ersatz für das aus Weißkohl hergestellte Sauerkraut."[10]

Anfang März 1917 beteiligten sich ca. 250 Fabriken an der Produktion von Rübensauerkraut. Dessen Herstellung ging jedoch nur schleppend voran, da die Rübenlieferungen nur unregelmäßig die Fabriken erreichten. Dies lag zum Teil an den schlechten Verkehrsverhältnissen, zum Teil auch am Frostwetter, durch das das Entmieten der Rüben erschwert wurde. Zur Verarbeitung gelangten neben Stoppelrüben auch Kohlrüben. Der Versuch der Kriegsgesellschaft, auch Runkelrüben zu beschaffen, scheiterte, da diese von den Bauern als Viehfutter gebraucht wurden.

Die Meinung der Ernährungsverwaltung, die im Rübensauerkraut einen vollwertigen Ersatz für richtiges Sauerkraut sah, konnten die Konsumenten nicht teilen. So berichtete ein Vertreter der Kleinhändler in einer Sachverständigensitzung der Kriegsgesellschaft über die allgemein schlechten Erfahrungen mit dem Rübensauerkraut. Wenn die Qualität auch künftig so schlecht bleibe wie bisher, würde er diesen Artikel nicht mehr führen, da die Kundschaft sich zum großen Teil gesträubt habe, die Ware abzunehmen[11]. Auch den beteiligten Betrieben kamen erhebliche Zweifel ob der Absetzbarkeit des Rübensauerkrauts, so daß sie während der folgenden Saison eine Abnahmegarantie von seiten der Reichsstelle für Gemüse und Obst forderten und auch erhielten[12].

Um den Mangel an Sauerkraut zu verringern, importierte die Kriegsgesellschaft seit Dezember 1916 mehrere tausend Tonnen Sauerkraut aus den Niederlanden und aus Polen. Diese Importware wurde vor allem an Stadtverwaltungen geliefert, die es wiederum an ihre städtischen Kriegs- und Volksküchen weitergaben. Die Importmenge blieb dabei hinter den Erwartungen der Behörden zurück, da den deutschen Aufkäufern in den Niederlanden von österreichischen Händlern erhebliche Konkurrenz gemacht wurde. Dabei ging es auch um Fragen der Qualität, wie der Geschäftsbericht vom 10. April 1917 ausführte:

> *„Wenn wir auch unseren Vertrauensmann beauftragt haben, weniger wählerisch bei der Abnahme zu sein, so müssen wir doch das von uns vertretene Prinzip aufrecht erhalten, dass wir uns nicht von den Holländern anstatt Sauerkraut Wasser und zwar aus den schmutzigen Ablaufgräben der Fabriken verkaufen lassen."*[13]

Im November 1917 begann man mit der Herstellung von „Sauerkraut 2. Qualität", um dem Mangel an Sauerkraut abzuhelfen. Dafür wurden die äußeren Weißkohlblätter und die Auswüchse der Kohlstrünke auf dem Feld verwendet. Ein Attest des Kaiserlichen Gesundheitsamts bescheinigte auch diesem Produkt, daß es ein vollwertiger Ersatz für Sauerkraut sei[14].

Für die Sauerkrautfabriken ergab sich 1917 zunehmend das Problem, daß die Landwirte nur dann bereit waren, Anbauverträge für Kohl abzuschließen, wenn sie als Gegenleistung die Lieferung von Kunstdünger zugesagt bekamen. Dieser war jedoch schwer zu bekommen, und auch die Städte und Gemeinden waren um Dünger bemüht, um ihrerseits Gemüsebauverträge abschließen zu können. In der zweiten Jahreshälfte 1917 standen der Kriegsgesellschaft insgesamt ca. 62 500 Tonnen Kohl- und Rübensauerkraut zur Verteilung zur Verfügung. Davon erhielten:

	Kohlsauerkraut	Rübensauerkraut
1. Heer		
a. mobile Truppe	27 700 T.	–
b. immob. Truppe	9 000 T.	3 000 T.
2. Marine	1 500 T.	–
3. Kriegsgefangene	–	21 240 T.

An die Zivilbevölkerung wurde bis Ende 1917 keine Ware abgegeben. Dazu, wie es künftig weitergehen sollte, hieß es im Tätigkeitsbericht vom 31. Dezember 1917:

> *„Wie weit an die Civilbevölkerung Sauerkraut verteilt werden kann, hängt davon ab, welche Mengen Sauerkraut nach Deckung der Heeresanforderungen noch zu Verfügung bleiben werden. Soweit sich bis heute überblicken läßt, wird voraussichtlich mehrere Male eine schlüsselmäßige Verteilung von Sauerkraut an die Civilbevölkerung vorgenommen werden können und zwar vorwiegend Rübensauerkraut."*[15]

Eine der Aufgaben der Kriegsgesellschaft für Sauerkraut war auch die Kontrolle aller Herstellungsbetriebe, die mehr als 20 Zentner Sauerkraut produzierten – eine Aufgabe, die angesichts der großen Zahl der Fabriken nur in Ansätzen zu verwirklichen war. Zu den häufigsten Verstößen gegen die Bestimmungen, die bei sporadischen Kontrollen festgestellt wurden, zählte die „Schwarzarbeit" – Sauerkraut wurde ohne Genehmigung hergestellt und unter der Hand auf dem schwarzen Markt gewinnbringend verkauft. Auch die Überschreitung der festgesetzten Höchstpreise sowie das Einschneiden von Kohl in ungeeigneten Räumen wurde häufig festgestellt. So arbeitete einer der kontrollierten Betriebe im selben Raum mit Schwefel und Sauerkraut gleichzeitig[16]. Manche Firmen schafften es auch, den von den Behörden schon niedrig angesetzten Qualitätsstandard beim Sauerkraut mit ihrer Ware noch zu unterbieten:

„An Hand der inzwischen hier eingetroffenen Muster haben wir feststellen können, dass das von der genannten Firma erzeugte Weisskohlsauerkraut höchstens als Sauerkraut 2. Qualität an Kriegsgefangenenlager verfügt werden kann, während das sogenannte Rübensauerkraut der Firma Appelbaum allenfalls als Schweinefutter aber niemals als menschliches Nahrungsmittel bezeichnet werden kann. Von einem Rübensauerkraut kann, nach dem Muster zu schließen, überhaupt nicht gesprochen werden, da es sich lediglich um dicke große Rübenscheiben handelt, die außerdem noch mangelhaft geschält und durchweg mit faulen Stellen behaftet sind"[17].

Die entsprechende Firma wurde 1918 geschlossen. In anderen Fällen, in denen gegen Bestimmungen verstoßen wurde, handelte es sich weniger um Habgier und Betrug, als um schlichte Unkenntnis. Dies scheint auch auf Fehmarn der Fall gewesen zu sein, wo es bei den dortigen Betrieben mehrfach erhebliche Beanstandungen gab. Die beschuldigten Firmen rechtfertigten den „groben Viehfutterschnitt" ihres Sauerkrauts einerseits mit der lockeren Beschaffenheit des verwendeten Kohls, andererseits machten sie die verwendete Schneidemaschine dafür verantwortlich, die ihnen von der Landwirtschaftskammer Schleswig-Holstein empfohlen worden war. Weitere Rückfragen der Kriegsgesellschaft ergaben dann auch, daß die betreffende Maschine für den Weißkohleinschnitt völlig ungeeignet war[18].

Obwohl die Ernte 1918 verhältnismäßig günstig ausfiel, befürchteten die Behörden, daß auch diesmal für die Zivilbevölkerung nicht genügend Sauerkraut übrigbleiben würde, da die Heeresverwaltung großen Bedarf angemeldet hatte. Um künftigen Engpässen vorzubeugen, appellierten die Behörden jetzt an die Selbsthilfe der Bevölkerung und gaben am 11. Oktober 1918 folgende Pressenotiz heraus:

„Verbraucher! Legt Euer Sauerkraut selbst ein! Die deutschen Sauerkrautfabriken werden voraussichtlich mit der Deckung des Heeresbedarfs aus der Ernte 1918 während der ganzen Einschneidezeit voll beschäftigt sein. Gegenwärtig sind zwar größere Mengen von Weißkohl zum Einschneiden an die Zivilbevölkerung verteilt worden, auf ferne erhebli-

che Zuteilungen kann aber nicht gerechnet werden. Jeder helfe sich deshalb selbst, indem er jetzt seinen Bedarf an Frischweißkohl bei dem reichlich vorhandenen Angebote decke und soviel Sauerkraut einschneide, als er für den Winter und das nächste Frühjahr braucht. Wie das Einschneiden und Einsäuern von Weißkohl zweckmäßig geschieht, ist der Hausfrau bekannt."[19]

Kohlbau seit den 1920er Jahren –
Krise und Modernisierung

Mit dem Ende des Ersten Weltkriegs begann für den Kohlanbau in Dithmarschen ein neuer Abschnitt, der sich von den Verhältnissen vor 1914 erheblich unterschied. Gesteigerte Kosten auf der einen und häufige Absatzkrisen auf der anderen Seite führten zu einer langfristigen Modernisierung der Kohlanbauverhältnisse. Dies betraf sowohl den eigentlichen Anbau als auch die Lagerung und die Vermarktung des Kohls. Die Grundlagen des modernen Anbaus, wie er heute in Dithmarschen besteht, wurden bereits in den Jahrzehnten vor dem Zweiten Weltkrieg gelegt.

Die Zeit der 1920er Jahre brachte für den Kohlanbau zunächst Anpassungsschwierigkeiten mit sich. Auf der während des Krieges auf fast 10 000 ha angewachsenen Anbaufläche wurde entschieden zu viel Kohl produziert. Die Nachfrage sank drastisch, da die bisherigen Großabnehmer Heer und Marine als Kunden entfielen. Die Fläche sank bis 1925 auf gut 2100 ha in ganz Dithmarschen.

Die entscheidenden Nachteile für den Dithmarscher Anbau, die hohen Frachtkosten und die starke Konkurrenz der Niederländer, führten zu erheblichen Problemen. Durch den schlechten Absatz 1925 sanken die Kohlpreise mit 0,80 bis 1 Mk. weit unter die Produktionskosten. Schwere Regenfälle ließen zudem den Kohl auf den Feldern verderben.

In einem Bericht an den Regierungspräsidenten zeichnete der Norderdithmarscher Landrat Ernst Kracht im September 1925 ein düsteres Bild der Verhältnisse:

> *„Die Kohlfelder in meinem Kreise bieten z. Zt. wirklich einen trostlosen Anblick. Bereits im Vorjahre haben die Gemüsezüchter, da infolge mangelnden Zollschutzes eine Unmenge Kohl keinen Absatz zu angemessenen Preisen fand, vielfach Verluste gehabt. Ihre Lage ist um so schwieriger, als erhebliche Kredite zur Beschaffung von Düngemitteln für den Gemüsebau haben aufgenommen werden müssen, deren Zurückzahlung bei mangelndem Absatz der*

Ware unmöglich sein wird; dabei handelt es sich um beträchtliche Anbauflächen. Im Kreise Norderdithmarschen ist der friedensmäßige Anbau in voller Höhe wieder erreicht, die Anbauflächen umfassen in diesem Jahr 1737 ha. In einzelnen Gemeinden stellen diese Flächen einen nicht unerheblichen Anteil der gesamten Anbaufläche dar, so daß der einzelne Anbauer durch den Einnahmeausfall tatsächlich stark betroffen wird.
Endlich darf ich darauf hinweisen, daß die Gemüseanbauer gewissermaßen einen moralischen Anspruch auf Berücksichtigung ihrer besonderen Notlage haben, da seitens der Reichsregierung während der Kriegsjahre immer wieder nachdrücklichst auf eine Steigerung des Gemüsebaues hingewirkt worden ist. Der Gemüsebau bedeutet an sich schon insbesondere wegen der erforderlichen größeren Betriebsmittel ein erhebliches Risiko-Geschäft, daß den Landwirten aus volkswirtschaftlichen Gründen nicht verleidet werden darf."[1]

Das zentrale Anliegen des Landrats war es, darauf hinzuwirken, daß möglichst noch zur Wintersaison 1925 ein Einfuhrzoll für Kohl eingeführt werde. Das sei ein auch volkswirtschaftlich zu rechtfertigender Schutz, denn:

„*Die deutsche Volkswirtschaft hat, angesichts immer wieder auftauchender Bestrebungen zu extensiver Wirtschaft überzugehen, ein dringliches Interesse, eine so intensive Wirtschaftsart, wie sie der Gemüsebau erfordert, zu erhalten, zumal auch eine verhältnismäßig große Anzahl von Arbeitskräften nicht nur im Frühjahr beim Pflanzen und sodann beim Hacken, sondern auch im Winter beim Schneiden, Einmieten, Putzen des Kohles Verwendung finden.*"[2]

Wie die gesamte Landwirtschaft, so litt auch der Kohlanbau unter den allgemein gestiegenen Kosten. Gegenüber der Vorkriegszeit war die Höhe der Löhne, Zinsen und Steuern ganz erheblich gestiegen. In einer Eingabe bezifferte der Reichslandbund 1927 die gesamten Aufwendungen beim Kohlanbau pro Hektar im Durchschnitt der letzten drei Betriebsjahre mit insgesamt 1461,- Mk. Dabei entfielen auf die Einzelposten:

Kunstdünger	337,50 Mk.
30 000 Pflanzen (Frühweißkohl)	240,00 Mk.
(andere Kohlarten 90 Mk.)	
Einpflanzen und Nachpflanzen	52,50 Mk.
3 mal Hacken	67,50 Mk.
2 mal Pferdehacke	21,00 Mk.
Abernten und Abtragen	67,50 Mk.
Abfuhr zur Bahn 5 km	225,00 Mk.
Ackerzins	450,00 Mk.

(= Steuern, Stalldung, Bestellungsarbeiten, Zinsen des Landwertes, Betriebsmittelverzinsung)

Um die Lage der Kohlbauern zu verbessern, forderte der Landbund vor allem einen Schutzzoll gegen Importe sowie einen „Not-Tarif" bei der Bahn, um so die Transportkosten zu senken[3]. Doch es gab noch andere Gründe für die Misere beim Kohlanbau. Auf sie verwies der ungenannte Verfasser eines Artikels in den „Büsumer Nachrichten" am 15. September 1925. Seiner Meinung nach werde eine Verbesserung der Situation einerseits durch eine Verringerung der Anbaufläche erreicht, und:

> „... wenn andererseits, was am allerwichtigsten erscheint, endlich einmal mit der unsachgemäßen Verladung, wie sie ja leider während des Krieges und in den Inflationsjahren an der Tagesordnung war, aufgeräumt wird. Nur durch das letzte Mittel kann der Holsteiner Lieferant seinen Ruf und seine Kunden zurück gewinnen."[4]

Vor dem Hintergrund schlechter Wirtschaftsergebnisse im Kohlanbau, die sich auch in den folgenden Jahren fortsetzten, setzte sich auch bei den Landwirten zunehmend die Überzeugung durch, daß eine Lösung der Probleme nicht (nur) darin bestehen könne, mögliche Konkurrenten durch Zollschranken vom deutschen Markt fernzuhalten, sondern daß es auch darauf ankäme, den Dithmarscher Anbau und das Endprodukt Kohl konkurrenzfähiger zu machen.

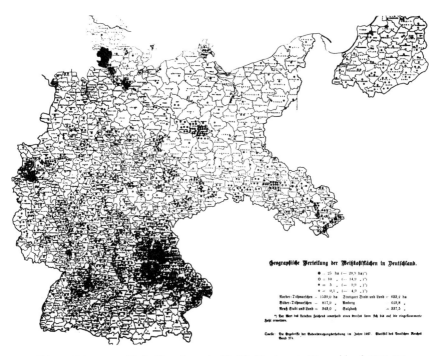

Abb. 38: *Die geographische Verteilung des Weißkohlanbaus in Deutschland 1927. Die schwarzen Stellen zeigen einen intensiven Anbau an*

Entscheidend war die Einsicht, daß auf dem Markt nur „Qualitätsware" eine Chance hatte. Zu den entscheidenden Punkten, die verbessert werden mußten, gehörten hier vor allem der Absatz und die Lagerung des Dauerkohls.

Um einen bestimmten Standard beim Kohlversand sicherzustellen, richtete der Dithmarscher Verband der Feldgemüseanbauer 1927 Büros auf den Hauptverladebahnhöfen ein, um eine Kontrolle aller abgehenden Kohlladungen zu gewährleisten[5]. Ebenfalls um die Qualität der Ware zu sichern, führte die Landwirtschaftskammer Schleswig-Holstein 1928 eine „Kohlmarke" ein[6]. Dieses Zertifikat – ein Kontrollschein, versehen mit fortlaufender Nummer und Herkunftsbezeichnung, mit den schleswig-holsteinischen Farben und dem preußischen Adler – konnte jeder Verlader erhalten, dessen Kohlpartie bestimmten Anforderungen genügte. Dabei waren Vorschriften hinsichtlich der Verladung und der Sortierung zu beachten. Vorgesehen war eine Sortierung des Kohls nach vier Gewichtsklassen. Zudem mußte der Kohl aus anerkanntem Saatgut stammen. Mit diesem ersten Versuch einer standardisierten Qualitätsware sollte vor allem der niederländischen Konkurrenz entgegengetreten werden, die schon seit langem solche Kontrollen durchführte.

Dieser Versuch einer Standardsortierung setzte sich in Schleswig-Holstein, vor allem in Jahren der verschärften Absatzkrise, allerdings nicht durch[7]. Eine Regelung über Sortierung, Verpackung und Güteklassen erfolgte erst 1936 im Rahmen der nationalsozialistischen Marktordnung.

Die Bedeutung, die Dithmarschen als Kohlanbaugebiet Ende der 1920er Jahre besaß, machen statistische Angaben deutlich, die für die Jahre 1926 bis 1934 für den Dithmarscher Kohlversand per Eisenbahn vorliegen[8]. So betrug der Anteil Dithmarschens am Gesamtkohlversand Schleswig-Holsteins 1928 85,6 %, 1929 92,5 % und 1930 94,5 %. Ausgewiesen nach Erntejahren, wurden von den „führenden Verladeplätzen"[9] Dithmarschens insgesamt an Kopfkohl versandt:

Erntejahr	Nord.-Dith.	Süd.-Dith.	Zusammen
1926/27	53 200 T.	44 600 T.	97 800 T.
1927/28	49 500 T.	19 900 T.	69 400 T.
1928/29	55 100 T.	34 100 T.	89 200 T.
1929/30	86 300 T.	76 200 T.	162 500 T.
1930/31	71 800 T.	35 100 T.	106 900 T.
1931/32	31 600 T.	27 000 T.	58 600 T.
1932/33	42 600 T.	36 400 T.	79 000 T.
1933/34	44 100 T.	34 100 T.	78 200 T.

Der durchschnittliche Umfang des jährlichen Kohlversands lag mit ca. 92 700 Tonnen etwa auf dem Stand von 1912. Deutlich treten bei der Statistik die starken jährlichen Schwankungen hervor. So wurde 1932 der absolute Tiefpunkt erreicht, als es in allen Regionen des Deutschen Reichs eine überdurchschnittliche Ernte gab. Infolge der allgemeinen Wirtschaftskrise und des Überangebots im Inland war der Dithmarscher Kohl nur schwer absetzbar. So schrieb die „Dithmarscher Landeszeitung" am 13. Oktober 1932:

Abb. 39: Kohlverladung auf dem Bahnhof in Marne

„*Katastrophale Kohlpreise. Die Preise für Septemberkohl, der im übrigen kaum abzusetzen ist, liegen zur Zeit mit 25 Pfennig je Zentner weit unter dem Gestehungspreis. Man rechnet damit, daß in Dithmarschen rund 7000 Waggons als Viehfutter Verwendung finden müssen. Dazu kommt, daß rund 4500 Waggons Frühkohl, weil unverkäuflich, untergepflügt werden mußten. Der Verlust, der den dithmarscher Feldgemüsebauern in diesem Jahre erwachsen ist, kann man mit 1,5 Millionen Mark beziffern.*"[10]

Die ersten Kohlscheunen

Unmittelbar mit der Qualitäts- und Absatzfrage verbunden war das Problem der Dauerkohllagerung in den Wintermonaten. Schon seit langem war in Deutschland der hohe Standard bekannt, zu dem es die Holländer auf diesem Gebiet mit Hilfe von Kohlscheunen gebracht hatten. Bekannt war auch, daß gerade die Qualität des Lagerkohls und die Möglichkeiten einer langen Lagerung die Grundlage der starken Position der Niederländer auf dem Gemüsemarkt ausmachten. Trotzdem kam es bis in die Mitte der 1920er Jahre nicht zur Einrichtung einer nennenswerten Anzahl von Kohlscheunen in Deutschland. Die Ursache dafür lag vor allem in den hohen Investitionskosten und den beträchtlichen Lohnkosten, die der Betrieb einer solchen Scheune verursachte.

Die erste größere Anzahl von Kohlscheunen wurde in Deutschland offenbar mit den Jahren 1925 bis 1927 errichtet. Der sehr strenge Winter 1928/29, in dem der eingemietete Kohl nicht zugänglich war und mit den vorhandenen Kohlscheunen ein erheblicher Gewinn gemacht wurde, überzeugte schließlich eine Reihe von Landwirten[11]. Nach Schätzungen und Ermittlungen, die Werner Menck für seine 1932 erschienene Dissertation über den Weißkohlanbau und -absatz anstellte, stieg die Zahl der Kohlscheunen in Deutschland von ca. 20–25 in den Jahren 1928/29 auf ca. 190–200 Ende 1930. Zahlreiche dieser Kohlscheunenbauten wurden seit 1928 auch aus staatlichen Mitteln mitfinanziert[12].

Wann und wo die erste moderne Kohlscheune in Dithmarschen gebaut wurde, ist nicht bekannt. Menck nannte in seiner Untersuchung 1932 zwei Kohlscheunen des Marner Gemüsehändlers Hell unmittelbar an der Bahnlinie sowie die Kohlscheune der Marner Gemüse-Absatzgenossenschaft in Helse[13]. Letztere wurde, wie Menck schrieb, mit Hilfe von Reichskrediten errichtet. Auch andere kamen in den Genuß solcher finanziellen Beihilfen. Am 17. September 1930 erhielten 21 Dithmarscher Landwirte den Bescheid über Beihilfen zum Bau von Kohlscheunen. Diese Unterstützungen aus dem preußischen Ministerium für Landwirtschaft beliefen sich auf Summen zwischen 2000 und 10 000 Reichsmark[14]. Die geplanten Kohlscheunen sollten, wie sich aus der Liste der Empfänger ergibt, überwiegend in Ortschaften im Kreis Norderdithmarschen errichtet werden:

Wesselburener Koog (3×)	Hödienwisch
Friedrichsgabekoog	Kretjenkoog
Schülpersiel	Weidehof (?)
Büsum	Poppenhusen
Tiebensee	Darenwurth
Süderdeich	Reinsbüttel
Wesselburen	Jarrenwisch
Neufelderkoog	Neufeld
Barlterneuendeich	Marne
1× ?	

Abb. 40: Kohlscheune aus Tektonplatten errichtet, Fehmarn 1936

Abb. 41: Kohlscheune, vermutlich in Marne, 1936

1931 standen in Dithmarschen nach Berechnungen von Meinhard Ohnesorge ca. 10 800 qm Lagerfläche in Kohlscheunen zur Verfügung. Bei einer durchschnittlichen Größe von 200 qm entspricht dies einer Anzahl von ca. 50 Kohlscheunen[15].

Die Kohlscheunen allein halfen allerdings nur wenig, denn jetzt war auch ein sorgfältigerer Umgang mit dem Kohl notwendig. Dazu gehörten vor allem die richtige Lagertechnik und eine ständige Überprüfung des Kohls während der Lagerzeit. Die notwendigen Kenntnisse hierfür fehlten in Dithmarschen zunächst. Im November 1930 bemühte sich der Verband der Feldgemüseanbauer, diesem Problem abzuhelfen, indem er den Kohlscheunenbesitzern eine Beratung zu vermitteln versuchte. In einem Antrag des Verbands an den Kreistag auf eine finanzielle Beihilfe hieß es hierzu:

„Der Verband sieht in der pfleglichen Behandlung und richtigen Einlagerung des Dauerkohls eine wichtige Auf-

Abb. 42: Innenansicht einer damals modernen Kohlscheune, 1936

gabe, die Krise im Kohlabsatz wenigstens zum Teil zu überwinden. Deshalb hat der Verband sich entschlossen, die beiden, längere Zeit im holländischen Kohlanbaugebiet praktisch tätig gewesenen Landwirtssöhne Dohrn, Tödienwisch, und Mohr, Friedrichskoog, für die Kohlscheunenbesitzer je 2 bis 3 Tage zur Anweisung und Einübung kostenlos zur Verfügung zu stellen. Gerade die holländischen Methoden und pflegliche Behandlung des Kohls haben uns von den deutschen Märkten immer mehr verdrängt."[16]

Diesem Ansinnen verschloß sich der Kreis nicht und gewährte einen Zuschuß in Höhe von 200 RM. Im folgenden Jahr 1931 wurden in Dithmarschen auch mindestens zwei je 14tägige Lehrgänge über die richtige Kohlbehandlung abgehalten, an denen festangestellte Arbeiter von Kohlbauern teilnahmen[17].

Durch Vorträge, Filme[18] und Artikel in Zeitschriften und Zeitungen wiesen in Schleswig-Holstein die Landwirtschaftskammer und Experten auch in den folgenden Jahren immer wieder auf die Notwendigkeit der Kohlscheunen und deren Vorteile bei richtiger Benutzung hin. Neben der Verwendung von richtigen, lagerfähigen Kohlsorten kam es vor allem darauf an, in der Scheune das jeweils richtige Verhältnis von Lüftung und Wärmeisolation herzustellen. So war es notwendig, im Herbst durch ausreichende Belüftung (nur bei trockenem Wetter!) die Feuchtigkeit und Wärme aus dem Kohl herausdringen zu lassen, im Winter dagegen ihn vor Kälte zu schützen. Empfohlen wurde eine Lagertemperatur von ca. 4 °C. Im Frühjahr wiederum kam es darauf an, die Wärme abzuhalten. Zu Beginn der Lagerzeit sollte der Kohl zunächst vier Wochen in der Kohlscheune gestapelt bleiben, um dann ca. alle drei Wochen umgestapelt zu werden. Dabei waren eventuell beschädigte Köpfe auszusortieren[19].

Diese Kohlscheunen, die hier propagiert und nach und nach auch gebaut wurden, stellten für die kommenden Jahrzehnte die Normalform der Kohllagerung dar. Und sie bewährten sich, denn in einer Untersuchung aus dem Jahre 1940 ernteten die Dithmarscher Kohlbauern endlich auch einmal Lob:

> *„Von besonderer Bedeutung ist Dithmarschen als Anbaugebiet für Winterkohl. Seine vorbildliche Vorratshaltung hat sich erst im Winter 1938/39 wieder bewährt, als von Weihnachten an Dithmarschen praktisch der einzige Lieferant für das ganze Reich war. Diese Erfolge sind das Ergebnis einer jahrelangen, planmäßigen Erziehungsarbeit an den Erzeugern, wobei Holland die ersten Anregungen gab."*[20]

Abb. 43: Das genossenschaftliche Kühlhaus auf Fehmarn, 1957 errichtet

Abb. 44: Frauen beim Kohlputzen im Kühlhaus auf Fehmarn

Erst seit den 1960er Jahren begann sich eine noch fortschrittlichere Form der Lagerung von Kohl durchzusetzen: die Kühllagerung.
Erste Untersuchungen zur Kühllagerung von Gemüse hatte es bereits 1915 gegeben[21]. In den 1920er Jahren erwachte das Interesse dann wieder vor dem Hintergrund landwirtschaftlicher Absatzprobleme. An der Landwirtschaftlichen Hochschule Berlin fanden ab 1930 breit angelegte Versuche zur Kühllagerung von Obst und Gemüse statt. 1931/32 wurden versuchsweise 10 000 Zentner Kopfkohl in einem Königsberger Kühlhaus eingelagert. Ähnliche Versuche gab es in den folgenden Jahren in Berliner und Hamburger Kühlhäusern. In der Saison 1933/34 lagerten insgesamt ca. 50 000 Zentner verschiedener Kohlarten in Kühlhäusern[22]. Obwohl die Ergebnisse befriedigend ausfielen, blieb die Kühlhauslagerung wegen der hohen Kosten unbedeutend. Dies änderte sich auch nicht wesentlich, als infolge der wirtschaftlichen Autarkiepolitik der Nationalsozialisten die Importe leicht verderblicher Waren zurückgingen und dadurch Kühlraumfläche frei wurde[23].

Erst 1957 entstand auf der Insel Fehmarn ein genossenschaftliches Kühlhaus für die Kohllagerung[24]. Die ersten betriebseigenen Kühlhäuser folgten dort seit dem Ende der 1950er Jahre. In Dithmarschen setzte diese Bewegung mit Verzögerung ein. Anfang der 1970er Jahre standen erst wenige Kühlhäuser für die Kohllagerung zur Verfügung. Ihre Zahl nahm jedoch rasch zu, so daß es heute ca. 120 Kühlscheunen in Dithmarschen gibt. Der Kohl wird hier bei hoher Luftfeuchtigkeit und bei Temperaturen um 0 °C gelagert. Unter diesen Umständen ist es möglich, den Kohl acht bis neun Monate frisch zu halten.

„Der nordische Bauer ist in allen Zeiten nicht ohne seine Kohlbeete zu denken"

Diese kühne Behauptung ist einem Artikel zu entnehmen, der unter der Überschrift „Der Kohl als Beispiel germanischer Pflanzenzucht" in der „Nationalsozialistischen Landpost" am 11. Dezember 1936 erschien.

Die Verknüpfung eines so alltäglichen Gemüses wie Kohl mit so großformatigen Begriffen wie „der nordische Bauer" und „die germanische Pflanzenzucht" verhieß nichts Gutes. Denn, wann immer sich staatliche Propaganda lobend der bescheidenen, genügsamen Nahrungsmittel annahm, wie im Ersten Weltkrieg, war Vorsicht geboten: Einschränkung, Mangel und Not waren dann nicht fern. Doch 1936 schien noch alles in Ordnung. Die Konsumenten waren lediglich reumütig von niederländischem Gemüse zu den heimischen Produkten zurückgekehrt, wie der besagte Artikel zu berichten wußte:

> „Wenn sich jetzt, der Anregung des Reichsnährstandes entsprechend, die deutschen Hausfrauen wieder auf die vermehrte Verwendung des Kohles bei der Beschickung des winterlichen Eßtisches besonnen haben, so verlohnt sich ein Blick auf die Geschichte dieser Gemüsegruppe."

Als Fazit des Artikels kam heraus, daß der Kohl seinen Siegeszug über die Welt von der friesischen Küste aus angetreten hatte. Artikel solcher Art bildeten die Begleitmusik für die eigentliche Propaganda der nationalsozialistischen Agrarpolitik. In deren Mittelpunkt stand vor allem das Bestreben, die wirtschaftliche Autarkie zu erreichen, d. h. die Importabhängigkeit bei Agrarerzeugnissen abzubauen und entsprechend den Grad der Selbstversorgung zu erhöhen[1]. Die landwirtschaftlichen Verhältnisse waren nach 1933 zunehmend durch eine umfassende Produktions- und Marktregulierung bestimmt. Für den Kohlanbau bedeutete dies eine vollständige Anbaukontrolle und die staatliche Regelung des Absatzes zu Festpreisen[2]. Wer seine Anbaufläche vergrößern oder den Anbau neu aufnehmen wollte, bedurfte dafür seit 1937 einer Genehmigung. Ebenso wurde seit 1934 der

Absatz von Kohl einer weitgehenden Regulierung unterworfen. Die führenden Kohlanbaugebiete erklärte man dabei zu sog. geschlossenen Anbaugebieten. In diesen Regionen hatten die Landwirte ihre Kohlernte bei den neu eingerichteten Bezirksabgabestellen abzuliefern, die dann den weiteren Vertrieb besorgten. In Dithmarschen befanden sich solche Bezirksstellen in Marne und Wesselburen.
Die neuen Marktverhältnisse betrafen natürlich auch den Konsumenten. Übersetzt in den alltäglichen Küchenplan, sah das nationalsozialistische Konzept etwa so aus, wie es hier in einem in Lübeck erschienenen Kochbuch geschildert wurde:

> *"Ihr habt schon einmal sagen hören: ‚Stadt und Land – Hand in Hand!' Das ist kein Schlagwort. Stadt und Land sind zu einer unlösbaren Schicksalsgemeinschaft geworden. Bauer und Hausfrau sind mit ihrer Arbeit aufeinander angewiesen. Wohin soll der Bauer mit dem Segen seiner Scholle, wenn nicht die Hausfrau ihn abnimmt? Was unser Land trägt, bildet den General-Speisezettel unseres Volkes. Wir alle stellen verantwortungsbewußt und guten Willens unsern kleinen Küchenzettel ein auf den großen Küchenzettel unseres Volkes, der uns von unserem Boden, dem Klima unseres Landes und dem Fleiß unserer Bauern vorgeschrieben wird. Deshalb sagen wir: Wir machen die Nahrungsmittel, die die deutsche Erde reichlich liefert, zur Grundlage unseres Küchenzettels. Wir wählen die Nahrungsmittel, die die Jahreszeit uns schenkt. Wir verbrauchen am stärksten, was am meisten auf dem Markt angeboten wird und was am leichtesten verderben kann."*[3]

Landwirte, die jahrelang dem wirtschaftlichen Auf und Ab des Marktes ausgesetzt waren, hörten solche Botschaft natürlich gerne. Trotz der umfassenden Organisation von Absatz und Produktion in der Landwirtschaft blieben Schwierigkeiten jedoch nicht aus, da sich zunächst nicht überall die Landwirte tatsächlich den Anbauanordnungen fügten. So kam es 1937 trotz reichsweiter „stärkerer Propaganda für den Kohlverbrauch" wieder zu Absatzschwierigkeiten. In einer späteren Stellungnahme betonte der Vertreter der Bezirksabgabestelle für Norderdithmarschen, daß letztlich nicht die zu spät

Abb. 45: Pause beim Kohlpflanzen. Links auf dem Foto vermutlich zwei Kriegsgefangene, die bei der Landarbeit eingesetzt wurden. Dieksanderkoog, ca. 1943/44

angelaufene Verbrauchspropaganda geholfen habe, sondern allein der Umstand, daß das Winterhilfswerk als Abnehmer von 40 000 Zentnern Kohl eingesprungen sei. Es sei auch nicht richtig, so der Bezirksbeauftragte, daß die schlechte Lagerhaltung in Norderdithmarschen die Schuld trage. Die eigentliche Ursache sei vielmehr der „undisziplinierte" Anbau von Kohl gewesen, der sowohl in Süderdithmarschen als auch in Norderdithmarschen stattgefunden habe. In anderen deutschen Kohlanbaugebieten sei es jedoch mit der Befolgung der Anbaupläne noch schlimmer bestellt:

> „Im übrigen ist schon in früheren Eingaben genügend darauf hingewiesen, daß fast mit Ausnahme von allein Schleswig Holstein die übrigen Gebiete sich weniger um die Anordnungen der Hauptvereinbarungen der Deutschen Gartenbauwirtschaft in Berlin gekümmert haben, was dagegen aber unbedingt zur einheitlichen Durchführung der Bewirtschaftung und Marktregelung gehört."[4]

Mit dieser staatlichen Bewirtschaftung war gleichzeitig ein unübersichtlicher Komplex von Gremien und Behörden entstanden, deren

Kompetenzen nicht immer klar waren. Als es beispielsweise im Sommer 1938 Probleme beim Frühkohlabsatz gab, weil Unsicherheit über den festzusetzenden Preis herrschte, versuchte der Heider Landrat Kontakt mit den Berliner Behörden aufzunehmen, um die Sache zu klären. Über den Gang seiner Bemühungen legte er die folgende Aktennotiz an:

> *„Ich habe sofort die Dienststelle des Vierjahresplanes, Gruppe Ernährung angerufen und erfuhr, daß in dieser Dienststelle ein Dezernat für derartige Absatzschwierigkeiten nicht vorhanden sei. Dagegen sei im Reichsernährungsministerium ein Dezernat „Kampf dem Verderb". Dieses Dezernat verwies mich an den Sachbearbeiter Dr. Recke im Reichsernährungsministerium. Dieser nahm meine Ausführungen zur Kenntniß und versprach sofort mit dem Sachbearbeiter der Hauptvereinigung für Gartenbau Rücksprache zu nehmen."*[5]

Seit der Mitte der 1930er Jahre stieg die Anbaufläche für Kohl in Dithmarschen allmählich wieder. Sie betrug 1938 rund 2550 ha.

Abb. 46: Kohlputzen, Dieksanderkoog, ca. 1943/44

Dabei entfielen auf den Anbau von Frühkohl 214 ha, auf Herbstweißkohl 567 ha, auf „platten Dänenkohl" 1118 ha und auf Winterweißkohl 858 ha[6]. Der Höhepunkt der Anbauausweitung in Schleswig-Holstein fiel in den Beginn der 1940er Jahre. So umfaßte der Weißkohlanbau in Dithmarschen 1940 knapp 4600 ha[7] und erreichte damit die größte Ausdehnung seit dem Ersten Weltkrieg. Fast die Hälfte der Fläche war mit Dauerkohl bepflanzt. Reichsweit dagegen war der Weißkohlanbau seit Anfang der 1920er Jahre bis zum Beginn des Zweiten Weltkriegs kontinuierlich gesunken. Sein prozentualer Anteil am gesamten Gemüseanbau sank sogar von 43 % im Jahre 1922 auf ganze 15 % im Jahre 1939[8]. Auch während des Krieges stieg der prozentuale Anteil des Weißkohls in Deutschland lediglich 1940 auf 16 %. Absolut stieg die Anbaufläche des Weißkohls dagegen während des Krieges von 18 000 ha 1939 auf 38 000 ha 1943. Die Anbaufläche für Gemüse insgesamt war seit dem Ersten Weltkrieg ständig gestiegen. Diese Ausweitung kam jedoch ganz überwiegend dem Anbau der sog. Feingemüse wie Rosenkohl, Blumenkohl und Salat zugute. Damit hatte eine langfristige Entwicklung begonnen, die sich, mit der Unterbrechung durch die Kriegs- und unmittelbare Nachkriegszeit, in den 1950er Jahren fortsetzen sollte: die Abwendung vom „Grobgemüse" wie Kohl hin zum „Feingemüse".

Zunächst einmal bestimmte jedoch der Krieg den Speisezettel, oder, wie es als Parole 1940 in einem Kochbuch hieß: „Am Kochtopf und im Haushalt helfen wir Frauen den Krieg gewinnen". Die Autorin Edith-Sylvia Burgmann predigte Bescheidenheit in großer Zeit:

> *„Unsere Mahlzeiten sind bescheidener geworden, aber darum hat das Essen für uns keineswegs seinen Zauber verloren. Wir lieben das Essen ebenso wie in den fröhlichen Zeiten. Darum geben wir uns der Bereitung unserer Mahlzeiten mit noch mehr Liebe hin. Wir strengen unsere Phantasie noch ein wenig mehr an, liebäugeln nicht mehr mit Dingen, die unerreichbar, sondern sind tugendhaft und verschenken uns mit vollem Herzen der Kartoffel und dem Kohl, und entdecken, daß wir tatsächlich früher wenig Ahnung hatten, wie ausgezeichnet sie sein können, abgesehen von ihrer Nützlichkeit."*[9]

Abb. 47: Nicht immer wird es bei der harten Arbeit des Kohlpflanzens so fröhliche Gesichter gegeben haben. Dieksanderkoog, ca. 1943/44

Parallel zur Propaganda für das heimische Gemüse wurde auch versucht, das Interesse der Bevölkerung an den alten Konservierungsmethoden wie der Sauerkrautzubereitung zu steigern. Für das „gesunde und billige Volksnahrungsmittel Sauerkraut" wurde allerorten mit Nachdruck geworben. Und geradezu Empörung schwang mit, als der Autor einer Dissertation zum Thema Sauerkraut 1939 anmerken mußte:

> *„Es gibt sogar Gebiete in Schleswig-Holstein, Pommern, Nord-Hannover und Mecklenburg, in denen die Bewohner das Sauerkraut bedauerlicherweise gar nicht kennen."*[10]

Das Einlegen als Konservierungsmöglichkeit gewann vor allem während der Kriegszeit an Bedeutung, als die Rohstoffe für die Herstellung von Blechdosen für die Konservengemüse fehlten. Einen

Ausweg sollte da die „biologische Konservierung" von Gemüsen bringen[11]. So hieß es 1943:

> „Die Erfahrungen des letzten Kriegswinters haben gezeigt, wie wertvoll die Vorrathswirtschaft ist, wobei keinerlei Verwertungsmöglichkeiten ausgelassen werden sollten. Dazu gehört auch die Herstellung von Sauerkohl, der in der Ernährung als Vitaminspender eine große Rolle spielt."[12]

Trockengemüse oder „Drahtverhau"

Im Rahmen der nationalsozialistischen Agrar- und Wirtschaftspolitik kam auch ein „Konsum"-Artikel zu neuen Ehren, den viele sicherlich gerne ganz vergessen hätten: das Trocken- oder Dörrgemüse. In einem künftigen Krieg sollte dieses Produkt nach dem Willen der Nationalsozialisten eine wichtige Rolle spielen.

Das Haltbarmachen von Lebensmitteln durch Trocknen ist, wie das Einsalzen, ein altes Konservierungsverfahren. Eine industrielle Herstellung begann im 19. Jahrhundert. Eine gewisse Bedeutung erlangte das Trockengemüse bei der Versorgung der Schiffahrt. Um 1880 entstanden die ersten Großtrocknungsanlagen für Gemüse[13]. 1905 gab es dann in Deutschland bereits 29 Firmen, die jährlich ca. 26 000 Tonnen Frischgemüse, darunter auch Weißkohl, verarbeiteten. Verwendet wurde das Trockengemüse ausschließlich als Anstaltskost. Zu den Kunden gehörten u. a. Strafanstalten und das Militär[14]. Einen besonderen Aufschwung erhielt dieser Fabrikationszweig, als während des Burenkriegs um die Jahrhundertwende die Buren mit Trockengemüse versorgt wurden. Nicht zufällig handelte es sich bei dem bisher genannten Abnehmerkreis um Einrichtungen, in denen die Zusammensetzung und Gestaltung der Mahlzeiten keinerlei Mitbestimmung unterworfen waren. Das Trockengemüse stand nämlich in keinem besonders guten Ruf. Doch man arbeitete an einer Verbesserung, wie Georg Lebbin 1911 in seiner „Allgemeinen Nahrungsmittelkunde" über die sog. Präserven mitteilen konnte:

> „Nur durch sorgfältigste Vorbereitung und weitere sorgfältigste Behandlung ist es der Industrie gelungen, die früher

> *weit verbreitete Abneigung gegen Trockengemüse zu überwinden. Denn tatsächlich hatten die früheren Präserven den für jedes Gemüse charakteristischen Geschmack nicht zu bewahren vermocht, so daß die Zunge beim Genuß präservierter Gemüse zu kurz kam."*[15]

Die Trocknung geschah damals in Vakuumapparaten oder in einem Luftkanal, wo man dem Gemüse durch warme Luftströme, die von Ventilatoren erzeugt wurden, das Wasser entzog. Auf diese Weise ließ sich die Substanz auf 6 bis 10 % des Ausgangsgewichts reduzieren. Eine erneute Aufwertung erhielt das Trockengemüse während des Ersten Weltkriegs. Die Produktion stieg 1916/17 auf über 30 000 Tonnen an[16]. Die bislang schon umstrittene Qualität litt dabei jedoch weiter unter den kriegsbedingt schlechten Produktionsverhältnissen. Das hergestellte Dörrgemüse, egal ob es sich dabei um Kohl oder Steckrüben handelte, entbehrte dabei jeder späteren Quellfähigkeit, was jeden Koch und jede Hausfrau verzweifeln ließ. „Drahtverhau" nannten die Soldaten das, was ihnen als Dörrgemüse angeboten wurde. Ebensowenig wurde das gedörrte Sauerkraut geschätzt. Anläßlich einer Auseinandersetzung darüber, ob die knappen Frischkohlbestände an Sauerkohlfabriken oder Dörrgemüsefabriken zu liefern seien, intervenierte im Oktober 1917 ein Vertreter des bayerischen Staatsministeriums des Inneren bei der Reichsstelle für Obst und Gemüse:

> *„Ich gestatte mir darauf aufmerksam zu machen, dass nach den misslichen Vorfällen in der Sauerkrautversorgung im Winter 1916/17 die Versorgung mit Sauerkraut in ausreichendem Maße heuer auf jeden Fall sicher gestellt werden muß. Erste Voraussetzung hierfür ist, dass mit Beginn der Ernte die Verarbeitungsbetriebe mit genügend Rohkraut versehen werden. Die bayer. Bevölkerung – und ich glaube, dass dies auch für weitere andere Gebietsteile Deutschlands zutrifft – gibt dem Sauerkraut unbedingt den Vorzug vor gedörrtem Weisskraut."*[17]

Den Bayern wurde in dieser Angelegenheit völlig recht gegeben, zumal man auch zugeben mußte, daß es noch immer große Mengen

Abb. 48: Die Gemüsekonservenfabrik in Meldorf. Foto ca. 1948

an Dörrgemüse aus dem Vorjahr gab, das nicht abzusetzen gewesen war. Während der 1920er Jahre verschwand das Trockengemüse so gut wie vollständig vom Markt. Es fand erst wieder im Zusammenhang mit den nationalsozialistischen Kriegsvorbereitungen mehr Interesse, da es für die Heeresverpflegung von Bedeutung war. So wurde u. a. 1937 mit den Planungen für eine große gemüseverarbeitende Fabrik in Meldorf begonnen, in der später neben Sauerkraut auch Trockengemüse hergestellt werden sollte. Die Bauarbeiten, die von Zwangsarbeitern verrichtet wurden, begannen 1939 und wurden 1940 beendet. Für die Produktion kamen zwölf „Favorit"-Trockner und ein Bandtrockner in die Meldorfer Fabrik[18]. Das Trockengemüse wurde zunächst in Papiersäcken aufbewahrt. Später ging man dazu über, die Gemüsesubstanz unter hohem Druck zu einem Würfel zu pressen, der dann in eine wasserdichte Umhüllung aus Cellophan oder Pergament eingeschlagen wurde.

1942 stellten 118 Betriebe in ganz Deutschland insgesamt mehr als 16 000 Tonnen Trockengemüse her[19]. Auf die einzelnen Gemüsesorten entfielen dabei:

Weißkohl	3142,8 Tonnen	18,9 %
Wirsingkohl	2734,7 Tonnen	16,4 %
Rotkohl	1246,1 Tonnen	7,5 %
Grünkohl	661,7 Tonnen	4,0 %
Karotten	2993,1 Tonnen	18,0 %
Bohnen	889,4 Tonnen	5,4 %
Erbsen	1510,9 Tonnen	9,1 %
Petersilienlaub	521,2 Tonnen	3,1 %
Zwiebeln	957,9 Tonnen	5,8 %
Lauch	151,2 Tonnen	0,9 %
sonstige Gemüse	1817,0 Tonnen	10,9 %

In der Sparte „sonstiges Gemüse" waren auch 408,2 Tonnen getrocknetes Sauerkraut enthalten. Solch ein Trockensauerkraut war 1937 bereits in einer Vergleichsuntersuchung zusammen mit Frischsauerkraut und Büchsensauerkraut geprüft worden. Dabei hatte sich

Abb. 49: *Vorher – Nachher: Aus dem Weißkohl wird ein Trockengemüsewürfel*

herausgestellt, daß der wichtige Vitamin-C-Gehalt durch die Trocknung weitgehend vernichtet worden war. Sauerkraut war somit in dieser Form kein sonderlich wertvolles Gemüse mehr, aber es war gut zu stapeln:

> *„Das Trockensauerkraut bestand aus 10,7 × 10,7 breiten und 4,4 cm hohen Würfeln von 450 g Gewicht, war sehr fest gepreßt, in Staniol mit einer Ceresinpapierunterlage verpackt und außen nochmals mit einer Cellophanschicht luftdicht eingehüllt."*[20]

In Meldorf wurde Trockengemüse, darunter vor allem Trockenkartoffeln, noch bis 1949 hergestellt. Einen letzten „Boom" brachte für diese Produkte die Berlinkrise, als die Stadt über eine Luftbrücke versorgt werden mußte. Die Meldorfer Fabrik produzierte in den kommenden Jahrzehnten neben Sauerkraut Gemüsekonserven verschiedener Art.

Schwerere Zeiten für Kohl

In der Nachkriegszeit begannen für den Kohlanbau wieder die unsicheren Zeiten, nachdem die staatlichen Absatzregulierungen nicht mehr existierten. Bis zur Währungsreform 1948 herrschte noch ein großer Mangel an Gemüse jeder Art und damit eine entsprechend große Nachfrage. Daher blieb die Anbaufläche für Kohl zunächst relativ hoch. Dies änderte sich jedoch spätestens mit dem Beginn der 1950er Jahre. Zum einen machte sich jetzt der Verlust eines großen Teils der früheren Absatzgebiete in Mittel- und Ostdeutschland

Abb. 50: Kohlverladung auf dem Bahnhof in Marne in den 1950er Jahren

Abb. 51: Winterkohlernte 1970 in Dithmarschen. Nur mit großer Mühe kann der Kohl von den nassen Feldern geborgen werden

bemerkbar, zum anderen wurden die Folgen eines tiefgreifenden Ernährungswandels spürbar. Damit setzte sich jetzt ein Trend fort, der bereits Anfang der 1920er Jahre begonnen hatte. Bei einem steigenden Lebensstandard „leisteten" sich die Konsumenten eher „Feingemüse", d. h. Salate, Spargel, Blumenkohl, Gurken, Tomaten und Bohnen, und waren dafür wesentlich zurückhaltender beim „Grobgemüse", d. h. beim Weiß- und Rotkohl. Zudem deuteten sich bereits völlig neue Verhältnisse an, was die Gemüseversorgung der Bevölkerung im allgemeinen betraf: Durch die stark zunehmenden Importe aus dem Ausland wurde es jetzt zunehmend möglich, zu fast jeder Jahreszeit auch fast jedes Gemüse zu kaufen. Für den einheimischen Gemüsebau bedeutete dies nichts Gutes. Mit Blick auf die Ernteergebnisse hieß es dazu 1953:

> *„Alles in allem muß man daher bezüglich des Gemüsebaues nachträglich feststellen, daß der Erntesegen unter Einschluß der Einfuhr 1953 zu groß war. Hält die jetzige Importten-*

denz weiter an, dann wird der Verbraucher mehr und mehr dazu übergehen, bestimmte Gemüsearten wie Salate, Tomaten, aber auch Gurken und Bohnen nicht nur in den traditionellen Erntemonaten zu verlangen, sondern auch Wert darauf legen, die erstgenannten Erzeugnisse mehr oder weniger das ganze Jahr über zu erhalten. Da sie in diesen Monaten aus der Einfuhr kommen, bedeutet das zwangsläufig, daß der Verbrauch an einheimischem Wintergemüse rückläufig sein wird."[1]

Was hier begann, war die endgültige Aufgabe einer Ernährung im Jahresrhythmus. Traditionell hatte es bestimmte Gemüse eben nur zu bestimmten Jahreszeiten gegeben, jetzt war prinzipiell alles jederzeit verfügbar. Ein Verlierer bei dieser Entwicklung war der Kohl als eines der traditionellen Winter- und Kellergemüse. Auch andere Gesichtspunkte beeinflußten das Verbraucherverhalten, wie die Zunahme von Konservengemüse und später das Aufkommen von Tiefkühlgemüse oder der Umstand, daß vielen die Zeit zum Kochen fehlte:

„In vielen Fällen ist die städtische Hausfrau heute (1958) ebenfalls ganz oder teilweise berufstätig. Die Frage der Hausangestellten wird immer schwieriger, und große Teile der Bevölkerung sind räumlich – besonders auch was eine eigene Küche anbelangt – großen Beschränkungen unterworfen. Das alles führt dazu, daß Gemüsearten, die zum Zubereiten einen größeren Aufwand benötigen oder eine gewisse Verschmutzung des Raumes herbeiführen, weniger gekauft werden. Umgekehrt ist das ein Grund, daß die ‚Favoriten' des Marktes, wie Salat, Gurken, Tomaten und Blumenkohl, immer häufiger auf dem Küchenzettel erscheinen, wenn man nicht auf die Konserve zurückgreift."[2]

Auf diesen grundlegenden Wandel in den Verbrauchergewohnheiten mußten sich sowohl die Landwirte als auch die verarbeitende Industrie einstellen.

Ein Beispiel für die Anpassung an die neuen Verhältnisse beim Kohl war das Angebot von „tafelfertigem Rotkohl", den es seit 1958

Abb. 52: *Kohl wird in einen Lastwagen umgeladen zum Transport in die Fabrik. Foto 1965*

gibt. Dafür wird der Kohl in der Fabrik vorbereitet und bereits gekocht, so daß wirklich nur das Erwärmen zu Hause übrigbleibt. Aber auch die traditionelle Form der Kohlverarbeitung, die Sauerkrautherstellung, unterlag einer grundlegenden Wandlung. Aus dem nur begrenzt über einige Monate haltbaren Faßsauerkraut wurde eine zumeist in verbrauchsgerechte Dosen abgepackte pasteurisierte Konserve, die über Jahre haltbar ist. Bereits 1932 kam erstmals pasteurisiertes Sauerkraut zum Verkauf. Es spielte später in der Heeresversorgung eine gewisse Rolle. In großem Umfange setzte sich diese Form der Verarbeitung jedoch erst nach dem Zweiten Weltkrieg durch. 1963 wurden ca. 45 % des gesamten Sauerkrauts pasteurisiert[3]. Dieser Trend verstärkte sich in den folgenden Jahrzehnten; in der Saison 1985/86 betrug der Anteil von pasteurisiertem Sauerkraut 83 %. Die Produktion von Sauerkraut insgesamt stieg bis Ende der 1960er Jahre kräftig an. So wurden 1971 in der Bundesrepublik 136 628 Tonnen hergestellt, gegenüber 71 320 Tonnen im Jahre 1953. In den letzten Jahrzehnten stagnierte die Produktion jedoch, da auch der Verbrauch von Sauerkraut sank.

Bei der Verarbeitung des Dithmarscher Kohls spielt heute im Gegensatz zu früher die Verarbeitung vor Ort eine wichtige Rolle. Große Gemüseverarbeitungsbetriebe gibt es u. a. in Meldorf, Marne und Wesselburen. Somit kann jetzt vielfach der weite Transportweg entfallen, der früher den entscheidenden Nachteil des Dithmarscher Anbaugebiets ausmachte. Zu den Firmen gehörte auch die 1918 entstandene Sauerkohlfabrik von Gravenhorst in Marne, die bis Ende der 1970er Jahre in Betrieb war. Nach der Stillegung übernahm das Landwirtschaftsmuseum in Meldorf einen Teil der Fabrikeinrichtung in seine Ausstellung, wo jetzt u. a. vier der ursprünglich 30 großen Gärfässer zu bewundern sind. Vermutlich seit Ende der 1930er Jahre war der Betrieb in Marne auch mit einem Fließband ausgerüstet, an dem Frauen den Kohl „putzten". Das Sauerkraut wurde entweder als „Frischsauerkraut" in Fässern und großen 25-kg-Dosen mit Gärventil versandt oder pasteurisiert in Konservendosen.

In Dithmarschen verringerte sich die Anbaufläche für Kohl seit den 1950er Jahren etwa um ein Drittel. Betrug sie 1953 noch ca. 3200 ha (davon ca. 2000 ha Weißkohl), so waren es 1979 nur noch ca. 2000 ha insgesamt. Seitdem pendelt der Umfang der Anbaufläche hier etwa

Abb. 53: Belieferung der Sauerkrautfabrik Gravenhorst in Marne. Über ein Fließband wird der Kohl in die Arbeitsräume transportiert. Foto 1971

Abb. 54: Ein selbstgebauter Transportwagen. Dieksanderkoog 1965

zwischen 2200 und 2500 ha. Etwa 40 % der jährlichen Kohlernte wird heute als Industriekohl zu Sauerkraut oder Rotkohl in Gläsern verarbeitet. Weitere 40 % kommen zum Verkauf auf den Frischmarkt, 20 % werden für Rohkostsalate verwendet[4].

Im Kohlanbau selber kamen in der Nachkriegszeit die früheren Ansätze der Mechanisierung des Anbaus zum Tragen. Die Arbeit beim Kohlpflanzen war bis zum Ende der 1930er Jahre unverändert geblieben. Nach wie vor wurden in mühsamer und zeitaufwendiger Arbeit die Kohlpflanzen von Hand gesetzt, nachdem zuvor je nach Bodenbeschaffenheit mit dem Pflanzstock oder dem Spaten die Pflanzlöcher bereitet worden waren. Eine erhebliche Verbesserung bedeutete da bereits die Verwendung der sog. Hamannschen Kohlpflanzmaschine. Der Schmied Hinrich Hamann aus dem Kronprinzenkoog entwickelte dieses Gerät in den 1930er Jahren und erhielt im Oktober 1937 ein Patent dafür. Es handelte sich dabei nicht um eine eigentliche Pflanzmaschine, sondern um eine Rillen- oder Furchenziehmaschine, die von zwei Pferden gezogen wurde. Mit Hilfe von besonders geformten Messerscharen wurden mit diesem Gerät auf dem Acker Furchen gezogen, in die dann die hinter der Maschine

Abb. 55: Die sog. Hamannsche Pflanzmaschine

gehenden Pflanzer die Kohlpflanzen in Abständen hineinsetzten und festtraten. In einer Stunde konnten auf einer Fläche von ca. 0,4 ha Pflanzrillen gezogen werden[5]. Diese „Pflanzmaschine" wurde später noch verbessert[6] und blieb bis in die 1950er Jahre weit verbreitet. Probleme ergaben sich bei dieser Methode dadurch, daß der Boden ziemlich fest sein mußte, damit die gezogene Furche „stehen" blieb.

Ende der 1930er Jahre fand auch bereits in Schleswig-Holstein eine

Abb. 56 und Abb. 57: Kohlpflanzen mit der „Hamannschen Pflanzmaschine": Zunächst werden die Pflanzrillen gezogen, dann die Kohlpflanzen eingesetzt und festgetreten

Abb. 58: Auf dem Weg zum Kohlpflanzen mit einer Pflanzmaschine neuerer Bauart

in den USA entwickelte Maschine Verwendung, die ebenfalls Rillen zog, bei der aber zwei Pflanzer auf der Maschine mitfahren konnten und von dort die Pflanzen einsetzten[7]. Die Leistung betrug ca. 1 ha pro Tag[8].

Von einer eigentlichen Pflanzmaschine konnte jedoch erst bei der „Robot"-Maschine die Rede sein. Hier fuhren vier Personen auf dem Gerät mit, das die Rillen zog, und legten dabei die Pflanzen in einen in einer endlosen Kette angeordneten Mitnehmer ein. Schrägstehende Druckräder am Ende der Maschine schlossen dann die Pflanzrillen und drückten dabei die Kohlpflanze fest. Die Leistung dieser Maschine betrug ca. 2 ha pro Tag[9]. Diese Art von Kohlpflanzmaschine konnte sich jedoch erst durchsetzen, als Traktoren zur Verfügung standen, die über einen „Kriechgang" verfügten und die Pflanzmaschine mit einer geringen Geschwindigkeit über den Acker zogen. Bei einem schnelleren Gang und auch, wenn Pferde die Maschine zogen, war die Geschwindigkeit zu groß, so daß die Arbeiter auf der Maschine mit dem Pflanzen nicht nachkamen. Solche Pflanzmaschinen wurden, obwohl bereits Anfang der 1940er Jahre bekannt[10], verstärkt erst Ende der 1950er Jahre angeschafft. So im Dieksanderkoog beispielsweise in den Jahren 1954/55[11]. Mit ihnen wurde die mühsame Arbeit des Kohlpflanzens ganz erheblich erleich-

Abb. 59: Kohlpflanzen mit einer vierreihigen Maschine

Abb. 60: Ende der 1960er Jahre begann man mit rationelleren Verpackungs- und Transportbehältern im Kohlanbau. Hier die Vorstellung eines Palettensystems auf der landwirtschaftlichen Ausstellung Norla in Rendsburg

Abb. 61: Seit den 1970er Jahren setzten sich im Kohlanbau die Großkisten durch, die bereits auf dem Feld beladen werden

Abb. 62: Kohlernte 1979. Der Kohl lagert in Großkisten auf dem Hof

tert. Am Prinzip dieser Pflanzmaschine hat sich in den folgenden Jahren nichts geändert. Die Ausbringetechnik für die Pflanzen wurde jedoch verbessert, so daß auch Topfpflanzen oder sog. Containerpflanzen mit der Maschine gepflanzt werden können. Mit einer modernen Pflanzmaschine, die gleichzeitig vier Furchen zieht, benötigt man heute ca. fünf Stunden, um einen Hektar mit Kohl zu bepflanzen.

Eine wesentliche Arbeitsverbesserung bei der Kohlernte bedeutet die Verwendung von Großkisten auf dem Feld seit den 1960er Jahren. Bis dahin war der Kohl nach der Ernte zunächst auf der Erde gestapelt, dann auf einen Anhänger geladen und ins Kühlhaus oder in die Kohlscheune gebracht worden, wo er dann wieder abgeladen und neu gestapelt werden mußte. Bei der Verwendung von Großkisten, die jeweils 12 bis 16 Zentner fassen, entfällt das erneute Auf- und Abladen, da sie direkt vom Feld ins Lager gebracht werden können.

Abb. 63: Anbau von Kohlpflanzen für den Weiterverkauf. Die Felder sind mit luftdurchlässigen Plastikplanen geschützt

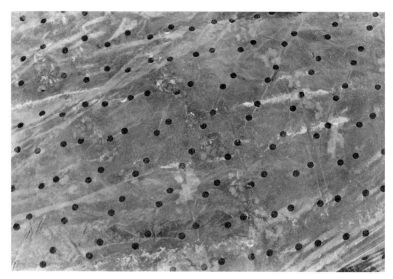

Abb. 64: Unter der schützenden Plane wachsen die kleinen Kohlpflänzchen. Detail aus Abb. 63

Abb. 65: Die jungen Kohlpflanzen werden vorsichtig geerntet

Abb. 66: In Holzkisten werden die Kohlpflanzen versandfertig gemacht und an die Landwirte verkauft

Abb. 67: Sog. Containerpflanzen in der Gemüsezuchtgenossenschaft Marne. Bei diesem modernen Verfahren wird der Kohl in die kleinen Vertiefungen der Plastikpaletten gesät und wächst dort heran

Ein Kohlkopf nach Maß? –
Vom Zuckerhutkohl zur F1-Hybride

Wer seinen Kohl im Garten selbst bauen wollte, wie es bis ins 19. Jahrhundert hinein weitgehend üblich war, benötigte zunächst einmal die notwendige Saat. Kohl ist eine zweijährige Pflanze, d. h. man hat im ersten Jahr eine Frucht, die erst im nächsten Jahr ausschießt. Eine Möglichkeit war, sie selbst aus überwinterten Köpfen zu gewinnen, die andere, sie bei einem Gärtner oder bei den umherziehenden Samenhändlern zu kaufen. Spätestens seit dem 18. Jahrhundert konnte man sich die Saat auch in einem Saatkatalog aussuchen und dann schicken lassen. Die eigene Zucht war nicht ohne Schwierigkeiten, der Saatkauf aber zuweilen im höchsten Grade unsicher. Der Erfurter Gärtner Christian Reichart wußte seinen Lesern 1753 darüber eine schöne Geschichte zu erzählen:

„Ich erinnere mich noch einer betrügerischen aber dabey sehr lächerlichen Historie. Ein gewisser mir wohlbekannter Kohl-Gärtner verkaufte an stat Cappes-Kraut, Hederich-Samen. Als das Früh-Jahr herbey gekommen und der Samen aufgegangen, so sahen die Leute, daß sie betrogen waren. Da nun dieser Mann denen Bauer-Leuten zum Theil bekant, so liefen sie vor die Thür und begehrten ihr Geld wieder. Er gab denen Leuten rechte gute Worte, und versicherte, es wäre kein falsches Korn in seinem Hause, er hätte ihnen aufrichtigen guten Cappes-Samen verkaufet, wüßte auch nicht, wie dieses, was sie vorgeben, zugehen müßte. Er fragte die Leute: ob sie denn vielleicht den Sack mit den Samen auf den Tisch, wo sie daran speiseten, gelegt hätten. Da nun die Antwort mit Ja erfolgte: so sprach er: Wenn sie dieses gethan hätten, so wäre es kein Wunder, daß sich dieser Same in Hederich verwandelt hätte: denn der Cappes hätte solche Art an sich: wenn sie ihn nur an einen anderen Ort geleget hätten, so würden sie gewiß gute Cappes-Pflanzen bekommen haben. Die einfältigen Leute glaubten diesem Vorgeben, und also kam dieser Betrüger aus seinem Handel.

> *Inzwischen sind einige Bauer-Leute so einfältig, daß die niemalen die Samen auf den Tisch bringen, indem sie würklich in solchem Aberglauben stecken.*"[1]

Doch auch wenn Unkenntnis und Aberglauben verschwunden waren, blieb die Unsicherheit: Der gekauften Saat war zunächst nicht unbedingt anzusehen, was später daraus werden würde. Saatkauf im allgemeinen war im höchsten Maße Vertrauenssache, und die Klagen über betrügerische Händler und schlechte Saat blieben ein Dauerthema bis ins 20. Jahrhundert. Noch gut hundert Jahre nach Reichart warnte der Schleswig-Holsteinische Verein für Gartenbau seine Mitglieder vor unvorsichtigen Käufen:

> *Auch im Frühjahr 1860 war das Land von herumziehenden fremden Samen- und Pflanzenhändlern heimgesucht und da vielfache Klagen über die Täuschungen, welche diese Händler dem Publikum bereiteten, laut wurden, so erfüllte der Vorstand den Beschluß der ersten Vereinsversammlung von 1859 und erließ eine Warnung zur Vorsicht im Verkehr mit solchen landesfremden Händlern.*"[2]

Wollte man solchen Schwierigkeiten aus dem Wege gehen, so blieb nur die eigene Saatzucht. Viele Gartenhandbücher gaben ihren Lesern bis zum Beginn unseres Jahrhunderts auch diesen Rat. Nur wer seine eigene Saat zöge, könne einigermaßen sichere Qualität erhalten. Viele Autoren versahen den Leser mit einer genauen Anleitung. Im folgenden sei der Schleswiger Gärtner Johann Kaspar Bechstedt zitiert. In seinem umfangreichen „Küchengartenbau für den Gärtner und den Gartenliebhaber" erläuterte er 1795 das Verfahren der Kohlsaatvermehrung so:

> „*Guten weißen Kohlsamen zu ziehen ist gewiß nicht Jedermanns Sache. Wer nicht vorsichtig damit umzugehen weiß und die Mühe, die dessen Erziehung erfordert, sich nicht geben mag, der kauf ihn lieber von einem Manne, von dessen Ehrlichkeit er überzeugt seyn kann, nicht betrogen zu werden. – Wem indessen darum zu thun ist, vorzüglich gute Sorten, in deren Besitz er einmal ist, zu behalten, der muß*

ihn nothwendig selbst ziehen. In der Absicht suche man, wenn der Kohl eingeerntet wird, von jeder Art die schönsten und größten Köpfe aus; ziehe sie mit der Wurzel heraus und setze jede Sorte nun aller wenigsten 100 Schritte von der andern entfernt, ohne einige Blätter abzubrechen, reihenweise 2 Fuß ins Gevierte dicht unter dem Kopfe ein, so daß dieser so platt, als möglich auf der Erde liegt. (...) Wenn man die Samenstauden, wie gewöhnlich geschieht, den Winter über im Keller, oder an einem andern Orte auf bewahrt, so wird die Pflanze dadurch so geschwächt und entkräftet, daß sie hernach nach dem Auspflanzen lange Zeit zu ihrer Erholung nöthig hat und am Ende doch nur schwache Schossen, kleine Samenstengel und unvollkommne Körner liefert. – So wie im Frühlinge die Stauden in die Höhe gehen, muß man sie, damit sie der Wind nicht zerbricht, an langen Stöcken festbinden und bei trocknem und warmem Wetter, weil sonst der Same sehr leicht nur nothreif und unvollkommen wird, öfters begießen. Sobald die Samenschoten sich verändern und gelblich werden wollen, suche man sie aufs sorgfältigste vor den Kernbeissern, Buchfinken, Sperlingen und andern Vögeln, die darnach ungemein begierig sind, zu schützen, und schneide deswegen lieber, ehe noch der Same völlig reif ist, die Schoten sammt dem Strunke ab, binde sie zusammen in Bündel, hänge sie unter ein Dach oder unter eine Wand, um daselbst völlig nachzureifen und abzutrocknen, dresche so dann den Samen aus, mache ihn rein und hebe ihn in leinen Beutel in einer trockenen und luftigen Kammer auf."[3]

Einige Gärtner hatten noch bessere Kniffe anzubieten. So empfahlen manche, im Frühjahr den Kohlkopf kreuzförmig einzuschneiden, damit der Haupttrieb besser durchkäme. Dieser „Herzstengel" liefere die beste Saat; die Nebensprossen seien abzubrechen oder bestenfalls für den Verkauf geeignet. Ein anderer riet dazu, von jedem Samenzweig die Spitze samt den Schoten zu kappen, da diese Samen minderwertig seien[4].

Auf diese beschriebene Art hat über lange Zeit die Kohlsaatvermehrung stattgefunden. Es handelte sich dabei um einen mehr oder weniger geordneten Nachbau ganz bestimmter regionaler Sorten, die sich bewährt hatten. Wohl achtete man darauf, daß man zur Saatzucht im Herbst kräftige Köpfe auswählte; von einer eigentlichen Züchtung kann jedoch nicht gesprochen werden. Auf diese Weise waren seit dem Mittelalter in Europa zahlreiche sog. Landsorten beim Kohl entstanden, die dem besonderen Klima und den Bodenverhältnissen der Anbaugebiete angepaßt waren[5].

Bereits im 17. Jahrhundert bemerkte der deutsche Bearbeiter eines französischen Gartenbuchs, Georg Greflinger: „... da sind so viele Arten von Kohl, daß Ihr Euch schwerlich sollt entschließen können, alle in Eurem Garten zu haben."[6] Viel Kohlsaat, so Greflinger, werde aus Frankreich und Italien nach Deutschland eingeführt. Er empfahl seinen Lesern besonders den „niederländischen Weißen" und als einen besonders zarten Kohl eine französische Sorte, den von „Aubervilliers".

Viele der in Deutschland gezogenen Lokalsorten wurden nach ihrer Herkunftsregion benannt. Im Anhang zu Bechstedts Gartenbuch findet sich eine Liste der Sämereien, die es bei ihm zu kaufen gab. Dazu zählten auch einige Kopfkohlsorten (die Preise gelten für 1 Lot Saat):

„Kohl, grüner niedr. krauser Bardowyker	*1 Schilling*
Amacker	*1 Schilling*
extra niedriger krauser brauner	*1 Schilling*
extra niedriger platter weiß	*2 Schilling*
früher englischer	*4 Schilling*
früher Zuckerhut	*4 Schilling*
Erfurter kleiner früher weiß	*3 Schilling*
großer Braunschweiger weiß	*2 Schilling*
rother	*3 Schilling*
blutrother Kopf	*6 Schilling*

Daneben führte Bechstedt noch sechs Sorten Wirsing- und Savoyerkohl sowie Brokkoli, Schnittkohl und drei Sorten Blumenkohl. Die höchsten Preise waren beim Weißkohl für die beiden Frühkohlsorten zu zahlen. Mit „Zuckerhut" bezeichnete man einen spitzköpfigen Frühkohl („Maispitz") mit kleinen Köpfen. „Amacker" war ursprünglich eine dänische Winterkohlsorte, die ihren Namen von

Abb. 68: Anzeige aus der Dithmarscher Landeszeitung vom 28. Februar 1907

ihrem bevorzugten Anbaugebiet, der Insel Amager südlich von Kopenhagen, erhalten hatte. Holländische Gärtner sollen sie dort um 1700 eingeführt haben[7]. „Braunschweiger" war ebenfalls eine sehr alte Sorte, die häufig ihrer besonderen Qualität wegen empfohlen wurde und bei den europäischen Züchtungen später eine bedeutende Rolle spielte[8]. Ihre platten großen Köpfe eigneten sich gut für die Aufbewahrung im Winter. Der Artikel über Kohl in der von Johann Georg Krünitz herausgegebenen „Oekonomisch-technologischen Encyklopädie" nannte 1788 eine Reihe weiterer Kopfkohlsorten. Sie wurden nach Form und Größe unterschieden. Neben dem „großen Braunschweiger oder Straßburger Kopfkohl", dem „Erfurter Kopfkohl", dem „Zuckerhut-Kohl" wurden u. a. noch genannt: der „kleine russische Kohl", der frühe Weißkohl „early Yorkshire" oder „early Battersea" und der „Bisam-Kohl". Über den letzteren hieß es:

„Er ist als Sommer-Kohl, vom Sept. bis Weihnachten brauchbar, erfriert aber eher, als der andere. Er ist wegen seines schönen Geruches und Geschmackes ein köstliches Gemüse. Wenn er zerschnitten wird, hat er einen angenehmen Bisam- oder auch dem Savoyer ähnlichen Geruch, ist aber unter dem Messer saftiger."[9]

Neben den genannten gab es noch eine Reihe weiterer Kohlarten. Häufig handelte es sich aber lediglich um Abarten. Sie unterschieden sich, abgesehen von der Bezeichnung, zum Teil nur geringfügig voneinander – sehr zum Leidwesen der Saatkäufer, denen in den

Listen der Gärtner und Samenhändler häufig eine Sortenfülle vorgetäuscht wurde, die es in Wirklichkeit gar nicht gab.

Auf die mehr praktischen Unterschiede der Sorten ging der Glücksburger Propst Philipp Ernst Lüders 1783 in seinem Gartenkatechismus ein:

> *„Die kleinste, vesteste und frühzeitigste ist die Erfurter Kohlart; auf dieser folgt die frühe Leipziger Sorte. Beyde aber wollen nicht gerne den Winter über Dienste thun. Die frühe holländische Sorte ist von gleicher Art. Der brausende große weisse Kohl hat die größten Köpfe, aber dicke Stengel, hohl und wasserreich. Beyde sind im Winter zu gebrauchen; aber der holländische platte Kohl ist der allerbeste; denn er ist inwendig mit dünnen Stengeln versehen, sehr vest und käsemäßig, und hält sich im Winter sehr gut."*[10]

Immer neue Sorten wurden im 19. Jahrhundert in den Katalogen der Händler angeboten. Der französische Botaniker De Candolle versuchte zu Anfang des Jahrhunderts, ein wenig Ordnung in diese verwirrende Vielfalt der Kohlsorten zu bringen. Er unterschied je nach der äußeren Gestalt fünf Spielarten:

> – *der plattgedrückte Kohl (Erfurter Frühkohl)*
> – *der kugelförmige Kohl (Straßburger Frühkohl)*
> – *der umgekehrt eiförmige Kohl*
> – *der ovale Kohl (Yorkscher Kohl)*
> – *der Zuckerhutkohl (u. a. Windelstädter Kopfkohl)*[11]

Erst in der zweiten Hälfte des 19. Jahrhunderts begannen sich die Verhältnisse bei der Saatgutgewinnung allmählich zu verändern. 1869 wurde in Tharandt bei Dresden die erste Samenprüfstelle Deutschlands durch Friedrich Nobbe errichtet. Dies war ein erster Versuch, die Käufer vor verfälschter oder minderwertiger Saat zu schützen. 1885 richtete die Deutsche Landwirtschaftsabteilung eine eigene Saatgutabteilung ein. Die bahnbrechenden Versuche, die Georg Mendel seit 1856 auf dem Gebiet der Vererbung unternommen hatte, fanden zunächst keine Resonanz. Die ersten systematischen Pflanzenzüchtungen, zunächst vor allem bei Getreidesorten, begannen erst in den

Abb. 69: *Anzeige aus der Dithmarscher Landeszeitung vom 6. Februar 1924*

Jahren nach 1870. Um die Jahrhundertwende erfolgte dann mit der „Wiederentdeckung" der Mendelschen Forschungen durch Hugo de Vries, Carl Correns und Erich von Tschernak-Seysenegg der Durchbruch zur modernen Pflanzenzüchtung. Von den neuen Forschungen und Zuchtmethoden blieben die Kohlgewächse zunächst unberührt. Noch 1890 hieß es in einem Fachbuch zum Gemüsebau:

> „Fast jede Gegend in Deutschland hat ihre besonderen Kopfkohlarten, die in der betreffenden Gegend mit Vorteil gezogen werden, und übt nicht allein das Klima, sondern auch der Boden einen großen Einfluß auf das Gedeihen des Kopfkohls aus. Man behalte deshalb stets die Sorte bei, welche in der Gegend gedeiht, und lasse sich nicht durch große Empfehlungen verleiten, die bewährten Sorten zu verlassen. Nur fortgesetzte Versuche können in solchem Falle zu einem günstigen Resultate führen."[12]

In dieser Richtung waren auch die Gärtner tätig. Sie bemühten sich, bekannte Sorten durch eine sorgfältige Selektion der Saatgutpflanzen nach und nach zu „veredeln". In Dithmarschen gehörte die 1886 gegründete Firma Diener in Schülp zu den Gartenbaubetrieben, die sich schon sehr früh mit der Kohlzucht beschäftigten. Seit 1902 widmete man sich hier auch der Kopfkohlzüchtung[13]. So entstand in den Jahren nach der Jahrhundertwende in Dithmarschen die Frühkohlsorte „Frühster Dithmarscher" aus nachgebauten Glückstädter Frühkohlsorten. Die Dithmarscher Sorte kam etwa um 1910 in den Handel und fand rasch eine weite Verbreitung, u. a. nach dem Ersten Weltkrieg auch im Glückstädter Gebiet als „Dienerscher Frühkohl"[14].

Auch auf offizieller Seite erwachte um die Jahrhundertwende ein verstärktes Interesse an der Förderung des Gemüsebaus. Seit 1905 führte die Königlich Landwirtschaftliche Akademie in Bonn-Poppelsdorf Anbauversuche mit Kopfkohl durch[15]. Dabei ging es u. a. darum, die Grundlage für eine bessere Kategorisierung der verschiedenen Sorten nach der jeweiligen Erntezeit in Früh-, Mittel- oder Spätkohlsorten zu schaffen.

1908 wurde innerhalb der Deutschen Landwirtschafts-Gesellschaft ein „Sonderausschuß für Feldgemüsebau" gegründet. Unter seiner Leitung begannen im folgenden Jahr systematische Sortenversuche mit Buschbohnen, Erbsen und Weißkohl. Untersucht wurden 1909 beim Weißkohl die Ertragsfähigkeit der Sorten, ihre Eignung für die Sauerkrautherstellung sowie die Ausbeute an Trockenware beim Dörren. Geprüft wurden bei diesem ersten Anbauversuch fünf Sorten[16]:

„*Großer runder Magdeburger*"
„*Früher Dithmarscher*"
„*Dänischer Winter*"
„*Dänischer Amager*"
„*Holländischer großer später*"

Das Saatgut für den „Frühen Dithmarscher" und den „Dänischen Amager" hatte der Landwirt Christian Huesmann aus Deichhausen/Kirchspiel Büsum geliefert, der sich auch an der Durchführung der Versuche beteiligte. Hinsichtlich des Ertrags erwies sich die Dithmarscher Sorte als die ergiebigste, wohingegen beim Dörren die beiden dänischen Sorten und der „Magdeburger" besser abschnitten. Bei der Sauerkrautverarbeitung konnten bei den Sorten keine erheblichen Unterschiede festgestellt werden. In einer Zusammenfassung der Versuchsergebnisse aus den Jahren 1909 und 1910, als der Anbau wiederholt wurde, zollte der Ausschuß der Dithmarscher Züchtung großes Lob:

"Durch die zwei Jahre ausgeführten Versuche hat sich hier bei uns und an den anderen Anbaustätten sowohl im Ertrag als auch in der Brauchbarkeit für die Verwertung die Sorte „Früher Dithmarscher" vor allen andern ausgezeichnet, so daß diese jetzt noch ziemlich unbekannte Sorte sehr empfohlen werden kann. Durch diese Sorte wird im Verein mit den schon lange als gut bekannten Sorten „Magdeburger" und „Braunschweiger" der Bedarf an frühem und mittelfrühem Weißkohl voll befriedigt werden. Die Sorten „Amager" und „Dänischer Winter" werden weiter auszuproben sein, in der Hoffnung auf bessere Erträge in der Zukunft."[17]

1909 begann der Ausschuß auch mit Düngeversuchen bei Weißkohl[18]. Eines der wichtigsten Probleme beim feldmäßigen Anbau im großen Stil war die Lagerung des Kohls in den Wintermonaten. Um die hierfür geeigneten Sorten festzustellen und deren Lagereigenschaften möglichst zu verbessern, schrieb die Deutsche Landwirtschaftsgesellschaft 1913 einen Wettbewerb aus. Die erste deutsche Dauerkohlzüchtung speziell für die Lagerung war bereits 1912 unter dem Namen „Westfalia" auf den Markt gekommen[19].

Die kritischen Äußerungen des Bonner Professors Theodor Remy geben einen guten Einblick in den allgemeinen Stand des Saatgutmarkts für Kohl unmittelbar vor dem Ersten Weltkrieg. In einem Artikel rügte er vor allem die häufig mangelnde Keimfähigkeit bei der vom Händler gekauften Saat, die unzureichende Durchzüchtung mancher Sorten, d. h. die erwarteten und versprochenen Eigenschaften der Sorte traten nicht zuverlässig auf, sowie die mangelhafte Sortenechtheit, die in vielen Fällen vorkam.

"Der größte Mißstand aber ist, daß der Handel im Kleinverkehr jede Gewähr für die wichtigsten Gebrauchseigenschaften der Gemüsesämereien ablehnt und sich durch seine Verkaufsbedingungen gegen Rechtsansprüche des Käufers zu schützen sucht."[20]

Während der Kriegszeit tat sich auf dem Gebiet der Gemüsezucht und der Saatverhältnisse wenig. Die gezahlten Preise erklommen astronomische Höhen, und die allgemeinen Geschäftsverhältnisse erreichten offenbar einen bedenklichen Standard. Unter der Überschrift „Kohlsaatprozesse" beschrieb der Meldorfer Rechtsanwalt Johnsen in einem Zeitungsartikel 1920 die Kriegsverhältnisse. Danach gab es Auseinandersetzungen und Prozesse vor allem beim Dithmarscher Frühkohl, dessen Preis sehr hoch gestiegen war. Nicht selten hätten die Saatkäufer statt des begehrten und teuer bezahlten Frühkohlsamens die Saat von später reifenden Sorten erhalten. In den darauffolgenden Gerichtsverfahren sei es für die Betrogenen jedoch äußerst schwer gewesen, eine Entschädigung zu erlangen. Das Gesetz gewähre nur dann einen Schadenersatz, wenn es sich um mangelhafte Ware handele. Die Gerichte ständen jedoch auf dem Standpunkt, Septemberkohl sei kein mangelhafter Frühkohl, sondern eine völlig andere Ware. In diesem Fall müsse dem Verkäufer dann ein Verschulden nachgewiesen werden, was im allgemeinen nur sehr schwer möglich sei[21].

Die Situation beim Saatgut änderte sich auch in den 1920er Jahren nicht wesentlich. So hieß es in einem Artikel zur Sortenwahl 1927:

„Bei der Prüfung der einzelnen Gemüsesorten hat sich herausgestellt, daß insbesondere bei den Kohlsorten und bei den Bohnensorten nicht nur viele ungleiche Typen, sogenannte Bastarde, durcheinander gekreuzt sind, sondern daß auch ein und dieselben Sorten oft mit fünferlei Namen in den Handel gebracht werden. Es gibt unter den einzelnen Sorten Saatgut, das gleichmäßig gut, und anderes, das lückenhaft keimt, es gibt Saatgut, welches 80% gesunde und solches, welches 40% kranke Pflanzen liefert, und solches, welches durch Sortenungleichheit den Ertrag um die Hälfte herabmindert. Das beste und teuerste Saatgut vom zuverlässigen Züchter bezogen ist gerade noch gut genug. Um solches Saatgut ausfindig zu machen, wurde die Gemüsesaatenanerkennung eingeleitet und ein Preisausschreiben zunächst für den Kohlsamenbau erlassen. So hat sich unter den Frühweißkohlsorten der Frühe Dithmarscher und unter den Herbstkohlsorten der platte Braunschweiger als ziemlich sortenrein und durchgezüchtet erwiesen."[22]

Als unter dem Druck der Absatzkrise Ende der 1920er Jahre im Kohlbau eine Modernisierung der Lagerhaltung und des Absatzes

Abb. 70: *Kohlköpfe ohne Strunk, aus denen im kommenden Jahr Saatgut erzeugt werden soll, werden zur Überwinterung in Ackerfurchen gelegt. Foto 1940er Jahre*

einsetzte, hatte dies auch Auswirkungen auf die Entwicklung der Sorten. Das galt vor allem für den Dauerkohl, da sich die bisher am meisten genutzte Amager-Sorte, die frostwiderstandsfähig war, für die Einlagerung als weniger geeignet erwies. Zudem wurde es notwendig, auch bei der Düngergabe vorsichtiger als bisher zu verfahren, da eine zu späte Stickstoffdüngung im Juli/August die Haltbarkeit beeinträchtigte[23]. Zur Klärung dieser Probleme richtete der Dithmarscher Verband der Feldgemüsebauer 1930 einen Kohlversuchsring ein. Hier wurden verschiedene Sorten auf Versuchsfeldern in Norder- und Süderdithmarschen hinsichtlich ihres Ertrags und ihrer Lagerfähigkeit geprüft. Weitere Untersuchungen sollten klären, welchen Einfluß die Düngung auf Ertrag und Widerstandsfähigkeit der einzelnen Sorten ausübte[24]. Diese Anbauversuche standen unter der Leitung von E. Schröder von der Landwirtschaftskammer Schleswig-Holstein. Er war 1936/37 auch bei den Anfängen der späteren Marner Gemüsezuchtgenossenschaft beteiligt, die zunächst noch durch die staatliche Reichsnährstandsorganisation betrieben wurde[25]. 1940 erfolgte dann die eigentliche Gründung der Gemüsezuchtgenossenschaft Marne. Bei ihrer Tätigkeit stand zunächst weniger die Zucht neuer Sorten im Vordergrund, als vielmehr die Beratung der Landwirte und die Leistung technischer Hilfestellungen, beispielsweise bei der Saatgutbehandlung. So fanden seit 1936 erfolgreiche Versuche statt, in denen das Kohlsaatgut mit einer Warmwasserbe-

Abb. 71: Kohlsaatvermehrung: Die Kohlstrünke, die ausschießen und Saat tragen sollen, werden ausgesetzt

Abb. 72: Kohlstrünke im Gewächshaus der Gemüsezuchtgenossenschaft in Marne

Abb. 73: Blühende Kohlpflanzen im Gewächshaus der Gemüsezuchtgenossenschaft in Marne

handlung (Warmwasserbeize) gegen eine bestimmte Pilzinfektion (Umfallerkrankheit) behandelt wurde[26].

Mit der eigentlichen züchterischen Arbeit begann man in Marne erst in den 1940er Jahren. Im Vordergrund standen dabei die Bemühungen, durch negative und positive Auslese bei den Sorten die Anfälligkeit gegenüber bestimmten Krankheiten zu verringern sowie den Ertrag und die Qualität der Sorten zu steigern. In den Jahren zwischen 1949 und 1966 entstanden insgesamt vier Weißkohlhochzuchten, fünf Rotkohlhochzuchten sowie vier Hochzuchten bei Wirsingkohl. Die Erfolge der Zuchtgenossenschaft waren derart groß, daß Mitte der 1960er Jahre ca. 95 % des gesamten in Dithmarschen verwandten Saatguts für Kohl aus Marne stammte[27].

Die Ansprüche, die man an die unterschiedlichen Kopfkohlsorten stellte, wurden seit den 1950er Jahren immer differenzierter. Nicht, daß es nicht auch schon früher von seiten der Händler, der Industrie oder der Verbraucher Vorstellungen darüber gegeben hätte, wie denn ein idealer Kopfkohl beschaffen sein sollte. Nur waren die Züchter jetzt eher in der Lage, solche Wünsche möglicherweise auch zu erfüllen.

Je nach Verwendungszweck und Verarbeitungsform standen bestimmte Eigenschaften als erwünschtes Zuchtziel im Vordergrund. In einem Aufsatz über „Zuchtziele bei Kopfkohl" nannte H. Meyer 1969 eine ganze Reihe von Eigenschaften, die bei der Züchtung von Interesse waren – und es auch heute noch sind[28]. Dazu gehören neben einem möglichst hohen Ertrag auch die Einheitlichkeit der Sorte im Erscheinungsbild sowie, je nach Sorte, eine fast kalkulierbare Reifezeit, so daß der Anbauer und auch die Verarbeitungsindustrie ihren Arbeitsablauf planen können. Darüber hinaus soll der Kopfkohl eine hohe Platz- und Reißfestigkeit haben, nicht zu schnell zu faulen anfangen und insgesamt eine lange Erntezeit haben. Denn nicht immer kann sofort geerntet werden, wenn der Kohl reif ist, oder es ergeben sich auch einmal Wartezeiten bei der Verarbeitung, die der Kohl heil zu überstehen hat. Weitere Zuchtziele sind die Resistenz gegen Erkrankungen und eine gute Innenqualität des Kopfes. So sind lockere Kohlköpfe schlechter abzusetzen als fest geschlossene, schwere Köpfe. Die Sauerkrautindustrie legt besonderen Wert auf schwere, harte Ware mit geringer Blatt- und Blattrippendicke. Wichtig für den direkten Verkauf sind Farbe und Aussehen: Weißkohl soll möglichst eine schöne grüne Farbe haben. Wenn allerdings aus dem

Abb. 74: Abgeerntete Kohlpflanzen zur Saatgewinnung auf dem Feld. Foto 1979

Abb. 75: Ertragreiche Pflanzen in Reih' und Glied – moderner Hybridkohl

Kohl Sauerkraut werden soll, ist es von Vorteil, wenn die Deckblätter einen geringen Chlorophyllgehalt haben, denn so kann ein helles, bleiches Kraut produziert werden. Zuguterletzt gilt es noch zu beachten, daß die entsprechenden Sorten eine gute Lagerfähigkeit besitzen, daß sie gut zu putzen sind und daß schließlich und endlich auch der Geschmack stimmt.

Alle die erwähnten Zuchtziele sind, mehr oder weniger, mit den traditionellen Zuchtmethoden wie Kreuzungen und Massenauslese zu erreichen. Dabei werden entweder die wertvollen Pflanzen vermehrt (positive Auslese) oder die mit nicht gewünschten Eigenschaften aus dem Pflanzenbestand herausgenommen (negative Auslese). Seit den 1950er Jahren gewann jedoch zunehmend die Hybridzucht an Bedeutung, da auf diese Weise die gewünschten Eigenschaften beim Kohl noch besser erreicht werden können. Bei diesem Zuchtverfahren werden zunächst die positiven Eigenschaften der Pflanzen in den Elternlinien in einem langwierigen Prozeß durch Auslese entwickelt. Dann werden die Elternlinien miteinander kombiniert. Die daraus entstehende F1-Hybride (F1 steht für die erste Filial- oder Kindgeneration nach der Kreuzung) weist dann eine erheblich gesteigerte

Qualität auf. Die Gesamtzeit für die Entwicklung einer neuen Sorte beträgt dabei zwischen 10 und 14 Jahren. Versuche, dieses Verfahren beim Kopfkohl anzuwenden, wurden zuerst in den USA[29] und in Japan unternommen. Seit den 1960er Jahren traten dann die in den Niederlanden entwickelten Hybridkohlsorten ihren Siegeszug über die Felder an. Seit längerer Zeit wird die Hybridzucht auch in der Gemüse-Zucht-Genossenschaft Marne mit Erfolg betrieben. War der Anteil der Hybridsorten in Schleswig-Holstein 1977 noch „sehr gering"[30], so beherrschen diese Sorten 1990 den Markt fast vollständig. Die Vorteile des Hybridkohls – Gleichmäßigkeit, Ertragsleistung, Lagereigenschaften – überwiegen auch die Nachteile des hohen Saatpreises und einer möglicherweise höheren Krankheitsanfälligkeit.

Anmerkungen

Ein berühmtes Mußkraut in aller Landen

1 Lonicerus, Kreuterbuch (1569), zit. nach Reitz, „Brassica", S. 502 f.
2 Körber-Grohne, Nutzpflanzen, S. 180
3 Reitz, „Brassica", S. 509
4 Wiswe, Kulturgeschichte, S. 75
5 Lichtenfelt, Geschichte, S. 64 f.
6 Zedler, Universallexikon (1737), Bd. 15, Sp. 1425
7 Hirschfeld, Gartenkalender (1782), S. 133 f.
8 Stadtarchiv Heide, I. Teil Nr. 1062; vgl. auch Nissen, Bauerngärten, S. 29 ff.
9 Eggers, Beyträge, S. 146
10 Abel, Geschichte, S. 238
11 Kiesewetter, Bemerkungen, S. 222
12 Ehlers, Herzhorn, S. 552
13 Saul, Bedeutung, S. 135
14 Wotha, Entwicklungsphasen, S. 69
15 Weirup, Gemüsebaugebiete, S. 28, z. T. wiederabgedruckt: Hermann Saul, Der Gemüsebau der Elbmarsch in der Gegend um Glückstadt um 1913. In: Archiv für Agrargeschichte 3/4, 1981, S. 88–96
16 Weirup, Gemüsebaugebiete, S. 27 f.
17 Ehlers, Herzhorn, S. 583
18 Kern, Erwerbskohlbau, S. 622

Die Kohlkammer Deutschlands liegt hinter dem Deich

1 Boysen, Entwicklungsgeschichte, S. 56 f.
2 Säkular-Feier der Stadt- und Landgemeinde Glückstadt, 1901, S. 58
3 Chronikauszüge Wesselburen, 18.–20. Jahrhundert, Kopie im Dithmarscher Landesmuseum
4 Dithmarscher Bote, 27. 9. 1902
5 Heydemann, Kohlanbau, S. 118.
6 LAS, Abt. 320, Nr. 2591
7 Marten/Mäckelmann, Dithmarschen, S. 370
8 Philippsen/Göhring, Heimatbuch, S. 61; Krohn, Heimatbuch, S. 118
9 Dithmarscher Bote, 12. 12. 1900
10 Landwirtschaftliches Wochenblatt, 1904, S. 913
11 Dithmarscher Bote, 3. 12. 1910
12 Ebd., 16. 3. 1910
13 Boysen, Entwicklungsgeschichte, S. 63
14 Clausen, Über Kohlanbau (1912), S. 729
15 Dithmarscher Landeszeitung, 7. 6. 1912
16 Weirup, Gemüsebaugebiete (1913), S. 18
17 Boysen, Entwicklungsgeschichte, S. 31

18 Clausen, Über Kohlanbau (1912), S. 729
19 Becker-Dillingen, Feldgemüsebau (1930), S. 489; Huesmann, S. 108
20 Huesmann, S. 108
21 Dithmarscher Landeszeitung, 26. 9. 1911
22 Clausen, Kohlanbau, S. 729
23 Boysen, Entwicklungsgeschichte, S. 31
24 Clausen, Düngungsversuche, S. 314
25 Huesmann, S. 109
26 Boysen, Entwicklungsgeschichte, S. 81
27 Knewitz, Landwirtschaftliche Betriebsverhältnisse, S. 115
28 Vgl. Matthiesen, „Gastarbeiter"
29 LAS, Abt. 320, Landrat Norderdithmarschen, Nr. 1668; Bericht des Amtsvorstehers 25. 5. 1908
30 LAS, Abt. 101, Kirchspiel Wesselburen, Nr. 2905
31 Boysen, Entwicklungsgeschichte, Anhang Tabelle 13
32 Ebd., S. 81 f.
33 So erging es neun Männern und fünf Frauen, die 1911 bei der Gemüseanbaugenossenschaft Reinsbüttel arbeiteten. Die Jahresliste der ausländischen Arbeiter ist an der entsprechenden Stelle mit dem Vermerk versehen: „Sämtl. wegen Kontraktbruchs ausgewiesen". LAS, Abt. 101, Kirchspiel Wesselburen, Nr. 2904
34 Dithmarscher Bote, 26. 5. 1906
35 Ebd., 21. 5. 1910, 3. 6. 1911
36 Boysen, Entwicklungsgeschichte, S. 89
37 Hedde, Aussichten, S. 598
38 Boysen, Entwicklungsgeschichte, S. 85
39 Ebd., S. 85; Boysen übernahm die Durchschnittspreise aus den Angaben von Huesmann
40 Dithmarscher Landeszeitung, 20. 8. 1911
41 Ebd., 17. 9. 1911
42 Ebd., 26. 11. 1911
43 Weirup, Gemüsebaugebiete, S. 25
44 Dithmarscher Landeszeitung, 3. 11. 1904
45 Boysen, Entwicklungsgeschichte, S. 65
46 Ebd., S. 70
47 LAS, Abt. 320, Nr. 1323, Unterlagen des Reichslandbundes 1927
48 Huesmann, S. 109
49 Dithmarscher Bote, 4. 10. 1902
50 Dithmarscher Landeszeitung, 11. 12. 1913
51 Saul, Bedeutung (1914), S. 135
52 Weirup, Gemüsebaugebiete (1913), S. 23
53 Boysen, Entwicklungsgeschichte, S. 71
54 Dithmarscher Bote, 4. 11. 1905
55 Tancre, Studienfahrt, S. 14
56 Dithmarscher Bote, 6. 12. 1905
57 Ebd., 21. 10. 1911
58 Weirup, Gemüsebaugebiete, S. 17
59 Boysen, Entwicklungsgeschichte, Anhang Tabelle VII
60 Huesmann, S. 108 f.; Weirup, Gemüsebaugebiete, S. 18
61 Huesmann, S. 109; Matthiesen, „Gastarbeiter"

62 Frost, Agrarverfassung, S. 375
63 Menck, Erzeugung, S. 118
64 Dithmarscher Landeszeitung, 9. 8. 1917

„Daß sie von dem Sauerkohle eine Portion sich hole"

1 Reitz, „Brassica", S. 517
2 Krünitz, Artikel Kohl, S. 500
3 Reitz, „Brassica", S. 518
4 Bergner, Festmahl, S. 50, in: Bitsch (Hg.), Essen und Trinken
5 Germershausen, Hausmutter, Bd. 2, S. 829
6 Ebd., S. 830
7 Wibmer, Topographie, S. 200
8 Schneider, Gemüseversorgung, S. 283
9 Menck, Erzeugung, S. 172
10 Teuteberg/Wiegelmann, Wandel, S. 247
11 Bechstedt, Küchengartenbau, S. 219
12 Dau, Beyträge, S. 61
13 Kommer, Haushaltungsbücher, S. 136
14 Höfler, Kohl, S. 161
15 Boy-Ed, Des Vaterlands Kochtopf, S. 5
16 Wentworth/Flexner, Dictionary, S. 311
17 Encyclopedie (1780), Bd. 30, S. 131
18 Zit. nach Brinitzer, S. 135
19 Ebd., S. 135
20 Weaver, Sauerkraut Yankees, S. 175 f.
21 Zit. nach Brinitzer, S. 136

Sauerkraut aus der Fabrik – Die Anfänge der Sauerkrautindustrie

1 Allg. Schatzkammer der Kaufmannschafft, Sp. 1220 ff.
2 Rambach, Beschreibung von Hamburg, zit. nach Teuteberg/Wiegelmann, Wandel, S. 244
3 Jöcher, Vollständiges Lexikon, S. 80
4 Ruß, Nahrungs- und Genußmittel, S. 379
5 Winkler, Aus der Geschichte, S. 261
6 Finke, Aus dem Lebenslauf, S. 91
7 Seitz, Gemüsebau, S. 388
8 Schneider, Gemüseversorgung, S. 306
9 Dithmarscher Bote, 3. 2. 1900; 11. 4. 1900
10 Dithmarscher Landeszeitung, 16. 4. 1903
11 Dithmarscher Bote, 5. 11. 1912
12 Lebbin, Nahrungsmittelkunde, S. 395
13 Münster, Sauerkraut, S. 51
14 Teuteberg/Wiegelmann, Wandel, S. 84
15 Henneberg, Sauerkraut (1916), S. 160
16 Reinhold/Mittelstaedt, Gemüsekonservierung, S. 46
17 Münster, Sauerkraut, S. 57
18 Dorf, Versand (1928)

19 Menck, Erzeugung, S. 179
20 Henneberg, Sauerkraut, S. 135
21 Ruß, Rathgeber (1867), S. 22
22 Beythien, Beurteilung, S. 190
23 Maurizio, Pflanzennahrung, S. 155

„... ein mächtiges Verwahrungsmittel gegen den Scharbock" – Sauerkraut auf Schiffen

1 Kramer, Medicina castrensis, S. 81
2 Reitz, „Brassica", S. 524
3 Eichholtz, Silage, S. 114
4 Forster, Reise, S. 33 f.; siehe auch Zimmermann, Reise, S. 120, 122
5 Krünitz, Artikel Kohl, S. 683
6 Schadewaldt, Ernährung, S. 333
7 Teichert, Geschichte, S. 13
8 Schadewaldt, Ernährung, S. 336
9 Krebel, Erkenntniss, S. 108

Eine gute Speise (nicht) nur für „gemeine Leute"

1 Rivius, Beschreibung (1549)
2 Zit. nach Reitz, „Brassica", S. 502
3 Henning, Landwirtschaft, Bd. 2, S. 76
4 Deliciae Hortenses (1576), S. 178
5 Zit. nach Wiegelmann, Alltags- und Festtagsspeisen, S. 105, Anm. 67
6 Wiswe, Kulturgeschichte, S. 55
7 Marperger, Dictionarium (1716), S. 658 f.
8 Allgemeines Oeconomisches Lexicon (1731), Sp. 2128
9 Universal-Lexicon (1735), Bd. 12, Sp. 1040
10 Germershausen, Hausmutter, Bd. 1, Theil 2, S. 729
11 Ebd., S. 619
12 Ebd., S. 359
13 Knoche, Anleitung, S. 273 f.
14 Zit. nach Teuteberg/Wiegelmann, Wandel, S. 137 f.
15 Krünitz, Kohl, S. 493 f.
16 Über die rationelle Ernährung des Soldaten (1858), S. 64
17 Rumohr, Kochkunst, S. 155
18 Scheffler, Berlin, S. 133
19 Wollheim, Versuch, S. 83

„Kohl ist eine Medizin in dem Magen und ein Doctor im Hause"

1 Der verständige Gärtner (1673), S. 44
2 Vgl. Schöneck, Sauer macht lustig, S. 81 ff.
3 Graumann, Wochenblatt, S. 289
4 Stockar, Regiment
5 Rosenblad, Kohl, S. 79
6 Zit. nach Eichholtz, Silage, S. 105
7 Graumann, Wochenblatt, S. 296

8 Von Kohl- und Rübenspeisen, S. 178
9 Eichholtz, Silage, S. 4
10 Vgl. Höfler, Kohl
11 Der verständige Gärtner (1673), S. 42 f.
12 Rosenblad, Kohl, S. 53 f.
13 Hubnerum, New Speisebüchlein (1588)
14 Krünitz, Artikel Kohl, S. 503
15 Marperger, Dictionarium (1716), S. 657
16 Zit. nach Schöneck, Sauer macht lustig, S. 85

Kohl und Krieg

1 Boy-Ed, Des Vaterlandes Kochtopf (1915), S. 15
2 Henning, Landwirtschaft, S. 183
3 Ernährung im Kriege, S. 45
4 Boysen, Entwicklungsgeschichte, S. 116
5 Dithmarscher Landeszeitung, 15. 2. 1916
6 Boysen, Entwicklungsgeschichte, S. 116
7 Buhl, Neue Wege (1915), S. 382 f.
8 Boysen, Entwicklungsgeschichte, S. 96
9 Reichardt, Gemüse, S. 27
10 Boysen, Entwicklungsgeschichte, S. 109
11 Matthiessen, „Gastarbeiter"
12 Dithmarscher Landeszeitung, 8. 6. 1915
13 Boysen, Entwicklungsgeschichte, Anhang, Tabelle 14
14 Clausen, Beantwortung von Leserfragen, Landwirtschaftliches Wochenblatt 1917, S. 774
15 Boysen, Entwicklungsgeschichte, S. 107
16 LAS, Abt. 309, Nr. 8309
17 Ebd.
18 Chronikauszüge Wesselburen, 18.–20. Jahrhundert, Kopie im Dithmarscher Landesmuseum, Meldorf
19 ZArchP, Abt. 88.39 RGO, Nr. 107 Berichte an das Kriegsernährungsamt
20 Ebd.
21 LAS, Abt. 101, Kirchspiel Wesselburen, Nr. 3739
22 Ebd.
23 Dithmarscher Landeszeitung, 16. 4. 1917
24 ZArchP, Abt. 88.39 RGO, Nr. 107
25 Landwirtschaftliches Wochenblatt für Schleswig Holstein, 1917, S. 472
26 Dithmarscher Landeszeitung, 18. 7. 1917
27 Ebd., 20. 8. 1917
28 Ebd., 26. 10. 1917
29 Chronikauszüge Wesselburen, 18.–20. Jahrhundert, Kopie im Dithmarscher Landesmuseum, Meldorf
30 Dithmarscher Landeszeitung, 17. 8. 1918
31 Boysen, Entwicklungsgeschichte, S. 122 f.
32 Ebd., S. 117 f.
33 Ebd., Anhang, Tabelle 8

34 LAS, Abt. 309, Nr. 16630, Stand der Volksernährung, Bericht Altona 24. 9. 1918
35 ZArchP, Abt. 88.39 RGO, Nr. 1
36 Boysen, Entwicklungsgeschichte, S. 120
37 LAS, Abt. 309, Nr. 16630, Stand der Volksernährung, Bericht Wandsbeck 24. 1. 1919

Sauerkraut im Krieg

1 Skalweit, Kriegsernährungswirtschaft, S. 192
2 Seitz, Gemüsebau, S. 388
3 Dithmarscher Landeszeitung, 19. 10. 1917 (Anzeige)
4 Ebd, 23. 12. 1916
5 Ebd., 20. 4. 1920
6 Unterlagen zur Gründung der Sauerkrautfabrik Gravenhorst, Marne; Kopien der Unterlagen befinden sich im Landwirtschaftsmuseum Meldorf
7 Ebd.
8 Winkler, Aus der Geschichte, S. 314
9 BArchP, Abt. 88.23, Nr. 10 Geschäftsbericht der Kriegsgesellschaft für Sauerkraut, 15. 11. 16
10 Ebd., Abt. 88.23, Nr. 22
11 Ebd., Abt. 88.23, Nr. 5, Ausschuß- und Sachverständigensitzung der Kriegsgesellschaft f. Sauerkraut 13. 12. 1917
12 Ebd., Abt. 88.39, Nr. 107
13 Ebd., Geschäftsbericht der Kriegsgesellschaft für Sauerkraut 10. 4. 1917
14 Ebd., Abt. 88.23, Nr. 23
15 Ebd., Abt. 88.23, Nr. 26
16 Ebd., Abt. 88.39, Nr. 30
17 Ebd., Abt. 88.39, Nr. 30
18 Ebd., Abt. 88.39, Nr. 32
19 Ebd., Abt. 88.23, Nr. 26

Kohlbau seit den 1920er Jahren – Krise und Modernisierung

1 LAS, Abt. 320 Landrat N.-Dith., Nr. 1323
2 Ebd.
3 Ebd.
4 Zeitungsausschnitt ebd.
5 Flugblatt „Zur Förderung des Gemüsebaues in Norderdithmarschen" In: LAS, Abt. 320 Landrat N.-Dith. Nr. 1323
6 Seitz, Gemüsebau, S. 385
7 Schneider, Gemüseversorgung, S. 397 f.
8 Ebd., S. 71 ff.
9 Ebd., S. 71: „Abfertigungen mit unbedeutendem und unregelmäßigem Versand wurden ausgeschieden"
10 Dithmarscher Landeszeitung, 13. 10. 1932
11 Menck, Erzeugung, S. 118
12 Ohnesorge, Kopfkohl, S. 78
13 Menck, Erzeugung, S. 109
14 LAS, Abt. 320, Landrat N.-Dith. Nr. 1323

15 Ohnesorge, Kopfkohl, S. 78
16 LAS, Abt. 320, Landrat N.-Dith. Nr. 1323
17 Ebd.
18 Gleisberg, Erfahrungen, S. 165: „der Vortrag wurde begleitet durch den Kohllagerungsfilm der preuß. Hauptlandwirtschaftskammer, der meist in Schleswig-Holstein gedreht worden war"
19 Vgl. Gleisberg, Erfahrungen, S. 165; Menck, Erzeugung, S. 113 f.
20 Gross, Obst- und Gemüsemarkt, S. 185
21 Nicolaisen, Wirtschaftlichkeit, S. 370
22 Ohnesorge, Kopfkohl, S. 72
23 Jordan, Wintereinlagerung, S. 166
24 Specht, Organisation, S. 27

„Der nordische Bauer ist in allen Zeiten nicht ohne seine Kohlbeete zu denken"

1 Vgl. Lorenzen-Schmidt, Landwirtschaftspolitik
2 Zur Organisation der Bewirtschaftung nach 1933 vgl. Schneider, Gemüseversorgung, S. 385 ff.
3 Die deutsche Hausfrau kocht (1939), S. 6
4 LAS, Abt. 320, Landrat N.-Dith. Nr. 1254
5 Ebd.
6 Gross, Obst- und Gemüsemarkt, Bd. 1, S. 68
7 LAS, Abt. 320, Landrat N.-Dith., Nr. 2593
8 v. d. Decken, Gemüsebau, S. 20
9 Burgmann, Gut gekocht, S. 10; vorheriges Zitat ebd, S. 12
10 Münster, Sauerkraut, S. 10
11 Reinhold/Mittelstaedt, Gemüsekonservierung, S. 8
12 Knauth, Einsäuern, S. 7
13 Seitz, Gemüsebau, S. 387
14 Hat das Trockengemüse, S. 362
15 Lebbin, Nahrungsmittelkunde, S. 393
16 Obst- und Gemüse-Verwertungs-Industrie, 1939 (26. Jg.), S. 7
17 BArchP, Abt. 88.23, Nr. 22
18 Hat das Trockengemüse, S. 365
19 Ebd., S. 366
20 Diller, Sauerkraut, S. 453

Schwerere Zeiten für Kohl

1 Rückblick und Ausblick auf den Obst- und Gemüsemarkt; In: Mitteilungen der Deutschen Landwirtschaftsgesellschaft, 1953, S. 1298
2 Gemüseversorgung 1958; In: Mitteilungen der Deutschen Landwirtschaftsgesellschaft 1958, S. 798 f.
3 Winkler, Entwicklung, S. 318
4 Mdl. Information Cord Hardler, Marne
5 Reichelt, Gemüsebau, S. 37
6 Fischer, Entwicklung, S. 849
7 Schröder, Anbau, S. 10; Becker-Dillingen, Feldgemüsebau, S. 487
8 Reichelt, Gemüsebau, S. 36

9 Nicolaisen, Gemüsebau, S. 30
10 Schröder, Anbau, S. 11
11 Stock, Heimatbuch, S. 220

Ein Kohlkopf nach Maß? – Vom Zuckerhutkohl zur F1-Hybride

1 Reichart, Garten Schatz, Theil 1, S. 170 f.
2 Jahresbericht des Vereins für Gartenbau in Schleswig, Holstein und Lauenburg für 1860, S. 3
3 Bechstedt, Küchengartenbau, S. 217 f.
4 Lueder, Anleitung, S. 862
5 Seitz, Gemüse, S. 373
6 Teichert, Geschichte, S. 11
7 Jensma, Cabbage, S. 57
8 Luzny, Gliederung, S. 4
9 Krünitz, Artikel Kohl, S. 388 f.
10 Lüders, Gartenbau, S. 159 f.
11 De Candolle, Arten, S. 18
12 Aslar, Gemüsebau (1890), S. 52
13 Horn, Geschichte, S. 460
14 Ehlers, Herzhorn, S. 583
15 Vgl. Lehn, Beiträge
16 Reichelt, Versuchstätigkeit, S. 28
17 Ebd., S. 30
18 Hansen/Fischer, Geschichte, S. 224
19 Reichelt, Einiges (1929)
20 Remy, Mißstände, S. 159
21 Dithmarscher Landeszeitung, 27. 5. 1920
22 Kindshoven, Sortenwahl, S. 128
23 Gleisberg, Erfahrungen, S. 165
24 LAS, Abt. 320, Nr. 1323
25 20 Jahre Kohlzucht, In: Bauernblatt, 25. 3. 1961, S. 915
26 Schröder/Neuer, Anbau, S. 13
27 Rundschreiben der Saatgut-Erzeuger-Gemeinschaft 22/1966, S. 121
28 Meyer, Zuchtziele
29 Norman, Advances, S. 135
30 F1-Hybriden bei Kopfkohl, in: Rundschreiben Saatgut-Erzeuger Gemeinschaft 32, 1977, S. 143

Quellen- und Literaturverzeichnis

1. Archivalien

Stadtarchiv Heide, Teil 1
Schleswig-Holsteinisches Landesarchiv, Schleswig (LAS)
Abt. 101 Kirchspiel Wesselburen
Abt. 309 Regierung zu Schleswig
Abt. 320 Landrat Norderdithmarschen
Bundesarchiv Potsdam (BArchP)
Abt. 88.23 Kriegsgesellschaft für Sauerkraut (KGS)
Abt. 88.39 Reichsstelle für Gemüse und Obst (RGO)

2. Literatur

Abel, Wilhelm: Geschichte der deutschen Landwirtschaft vom frühen Mittelalter bis zum 19. Jahrhundert, Stuttgart 1978
Allgemeine Schatz-Kammer der Kauffmannschafft Oder vollständiges Lexicon aller Handlungen und Gewerbe. Leipzig 1741–1743
Allgemeines Oeconomisches Lexicon. Leipzig 1731
Aslar, B. von: Der Gemüsebau. 2. veränderte Aufl. 1890
Bechstedt, Johann Kaspar: Der Küchengartenbau für den Gärtner und den Gartenliebhaber. Schleswig und Leipzig 1795
Becker-Dillingen, J.: Der Feldgemüsebau. In: Handbuch der Landwirtschaft Bd. 3: Pflanzenbaulehre/Landmaschinen. Berlin 1930
Bergner, Heinz: Das große Festmahl in der „Prima Pastorum". In: Bitsch, Irmgard (Hg.): Essen und Trinken im Mittelalter und Neuzeit. Sigmaringen 1987
Beythien, Adolf: Die Beurteilung der Nahrungsmittel, Genußmittel und Gebrauchsgegenstände auf Grund der gesetzlichen Vorschriften und der Rechtsprechung. Leipzig 1919
Bitsch, Irmgard (Hg.): Essen und Trinken in Mittelalter und Neuzeit. Sigmaringen 1987
Boy-Ed, Ida: Des Vaterlandes Kochtopf. Allerlei Rezepte für Küche und Herz in kriegerischen Tagen. Berlin (1915)
Boysen, Harald: Die Entwicklungsgeschichte des Kohlbaues in Dithmarschen. (Dissertation) Kiel 1921
Brinitzer, Carl: Zwei Löffel Goethe – eine Prise Shaw. Kulinarisch literarisch. Reinbeck 1969
Buhl, C. P.: Neue Wege zur städtischen Gemüseversorgung. In: Landwirtschaftliches Wochenblatt für Schleswig-Holstein 1915, S. 382 f.
Burgmann, Edith-Sylvia: Gut gekocht – gern gegessen. 444 Rezepte und Ratschläge für die sparsame Zubereitung nahrhafter und wohlschmeckender Gerichte im Krieg. Berlin 1940
Clausen, Heinrich: Beantwortung von Leserfragen. In: Landwirtschaftliches Wochen-

blatt für Schleswig-Holstein 1915, S. 382 f.
Clausen, Heinrich: Ueber Kohlanbau. In: Landwirtschaftliches Wochenblatt für Schleswig-Holstein Nr. 37 (13. 9. 1912)
Clausen, Heinrich: Düngungsversuche mit verschiedenen Stickstofformen in Kohl. In: Landwirtschaftliches Wochenblatt für Schleswig-Holstein 17/1913, S. 314–316
Dau, J. H. C.: Beyträge zur Naturbeschreibung der Kremper Marsch. Fortsetzung 2: Das Pflanzenreich. In: Schleswig-Holsteinische Provinzialberichte XII (1823), S. 59–67
De Candolle, Agustin Pyrame: Die verschiedenen Arten, Unterarten und Spielarten des Kohls und der Rettige, welche in Europa erbauet werden. Leipzig 1824
Decken, Hans v. d.: Der deutsche Gemüsebau und seine Marktaussichten. Hamburg 1949
Deliciae Hortenses. Das ist: Blumen – Arzney – Kuchen und Baum-Gartens – Lust. Stuttgart MDCLXXVI
Der verständige Gärtner über die zwölf Monaten des Jahres. Aus dem Holländischen von Georg Greflinger. Hannover 1673
Die deutsche Hausfrau kocht. Lübeck 1939
Die Ernährung im Kriege, hrsg. vom Ministerium des Inneren. Berlin o. J.
Diller: Sauerkraut und Sauerkrautkonserven. In: Vorratspflege und Lebensmittelforschung, Heft 8, Bd. 1 (1938)
Dithmarscher Bote, Wesselburen (einzelne Jahrgänge)
Dithmarscher Landeszeitung, Meldorf (einzelne Jahrgänge)
Dorf, Kurt: Versand und Lagergefäße in den Liegnitzer Gurkeneinlegereien und Sauerkohlfabriken. In: Liegnitzer Gemüse-Anzeiger 1928, Nr. 20
Eggers, C. U. D. v.: Beyträge zur Kenntniß der Dänischen Monarchie 1. Stück. Schleswig 1807
Ehlers, Wilhelm: Herzhorn – Die Geschichte des Kirchspiels und der Herrschaft Herzhorn. Glückstadt 1964
Eichholtz, Fritz: Silage und ähnliche Gärerzeugnisse. Braunschweig 1960
Encyclopedie, ou dictionnaire raisonne des sciences, des arts et des metiers. Bd. 30. Bern/Lausanne 1780
F_1-Hybriden bei Kopfkohl. In: Rundschreiben Saatgut-Erzeuger-Gemeinschaft im Gebiet der Landwirtschaftskammer Schleswig-Holstein e. V. 32 (1976)
Finke, Friedhelm: Aus dem Lebenslauf der Stadt Liegnitz. Lorch 1986
Fischer: Die Entwicklung der Pflanzmaschine. In: Neue Mitteilungen für die Landwirtschaft 43/1949, S. 848 ff.
Forster, Georg: Reise um die Welt. In: Werke, Bd. 1, hrsg. von Gerhard Steiner. Frankfurt a. Main 1967
Franz, Günther (Hg.): Geschichte des deutschen Gartenbaus. Stuttgart 1984 (Deutsche Agrargeschichte Bd. VI)
Frost, J.: Agrarverfassung und Landwirtschaft in den Niederlanden. Berlin 1906 (= Berichte über Land- und Forstwirtschaft im Auslande. 12)
Germershausen, Christian Fried.: Die Hausmutter in allen ihren Geschäften Bd. 1, 2 Leipzig 1778
Gleisberg, J.: Neuzeitliche Erfahrungen in der Einlagerung von Obst und Dauerkohl. In: Der Obst- und Gemüsemarkt, 1931
Graumann, P. B. C. (Hg.): Diätetisches Wochenblatt für alle Stände, oder gemeinnützige Aufsätze und Abhandlungen zur Erhaltung der Gesundheit. Bd. 1 Rostock 1781

Gröll, Walter: Bauerngärten der Lüneburger Heide. Ehestorf 1988 (= Schriften des Freilichtmuseums am Kiekeberg Bd. 1)

Gross, Paul (Hg.): Der Obst- und Gemüsemarkt. Bd. 1: Das deutsche Marktangebot. Bd. 2: Die deutschen Anbaugebiete. Hamburg 1940

Hansen, J./Fischer, G.: Geschichte der Deutschen Landwirtschafts-Gesellschaft. Berlin 1936

Hat das Trockengemüse, in zwei Weltkriegen ein Massennahrungsmittel, noch eine Bedeutung? In: Die industrielle Obst- und Gemüseverwertung 50 (1965)

Hedde: Die Aussichten des Kohlbaus. In: Landwirtschaftliches Wochenblatt für Schleswig-Holstein, Nr. 24, 1914

Henneberg, Wilhelm: Das Sauerkraut (Sauerkohl). In: Deutsche Essigindustrie Jg. 20 (1916), Nr. 21–32

Henning, Friedrich-Wilhelm, Landwirtschaft und ländliche Gesellschaft in Deutschland. Bd. 1: 1750–1976. Paderborn 1978

Heydemann, F.: Der Feldgemüse-, insbes. Kohlanbau Schleswig-Holsteins. In: Der Obst- und Gemüseanbau 1928, S. 117–119

Hirschfeld, Christian Cajus Laurenz: Gartenkalender auf das Jahr 1782

Höfler, Max: Der Kohl. In: Hessische Blätter für Volkskunde, Bd. IX (1910), Heft 3

Horn, Wolfgang: Geschichte der deutschen gartenbaulichen Pflanzenzüchtung. In: Franz, Günther (Hg.): Geschichte des deutschen Gartenbaus. Stuttgart 1984

Hubnerum, Bartholomaeum: New Speisebüchlein. Erfurt 1588

Huesmann, Christian: Anbau von Weißkohl in Norderdithmarschen. In: Mitteilungen der Deutschen Landwirtschafts-Gesellschaft 1908

Jahresbericht des Vereins für Gartenbau in Schleswig, Holstein und Lauenburg für 1860

Jensma, J. R.: Cabbage varieties. Wageningen 1956

Jöcher, Albert Franz: Vollständiges Lexikon der Waarenkunde in allen ihren Zweigen. Quedlinburg und Leipzig 1843

Jordan, E.: Zur Wintereinlagerung von Dauerkohl. In: Der Obst- und Gemüsebau 11/1936

Kern, Fritz Hinrich: Die Bedeutung des dithmarsischen Feldgemüsebaues. In: Bilder aus dem Kreise Norder-Dithmarschen. Düsseldorf (1926)

Kern, Fritz Hinrich: Der deutsche landwirtschaftliche Erwerbskohlbau. In: Illustrierte Landwirtschaftliche Zeitung Nr. 47 (23. 11. 1928)

Kiesewetter, H. C.: Praktisch ökonomische Bemerkungen auf einer Reise durch Hollstein, Schleßwig und Dithmarsen und einen Teil des Bremer und Hannöverschen Landes an der Elbe. Hof 1807

Kindshoven: Sortenwahl und Verwendung besten Saatgutes im Kohlbau. In: Mitteilungen der Deutschen Landwirtschafts-Gesellschaft 1927

Knauth, Andreas: Das Einsäuern von Gemüse. Frankfurt/Oder 1943

Knewitz, Fritz: Die landwirtschaftlichen Betriebsverhältnisse in den holsteinischen Marschen (Dissertation). Gießen 1911

Knoche sen., Albrecht: Anleitung zur Kochkunst für alle Stände. Th. 1, Bremen 1840

Körber-Grohne, Udelgard: Nutzpflanzen in Deutschland. Kulturgeschichte und Biologie. Stuttgart 1987

Kommer, Björn R.: Lübeck 1787–1809: Die Haushaltungsbücher des Kaufmanns Jacob Behrens des Älteren. Lübeck 1989

Kramer, Johann Georg Heinrich: Medicina castrensis. Nürnberg 1735

Krebel, Rudolph: Ueber die Erkenntniss und Heilung des Scorbuts. Leipzig 1838

Krohn, Willi: Heimatbuch des Kaiser-Wilhelm-Kooges. 1974
Krünitz, Johann Georg: Oekonomisch-technologische Encyklopädie, Theil 42, Artikel Kohl. Berlin 1788
Lebbin: Allgemeine Nahrungsmittelkunde. 1911
Lehn, D.: Beiträge zur Kultur des Kopfkohls. Berlin 1912 (= Arbeiten der Deutschen Landwirtschafts-Gesellschaft. Heft 213)
Lichtenfeldt, Hans: Geschichte der Ernährung. Berlin 1913
Lorenzen-Schmidt, Klaus-J.: Landwirtschaftspolitik und landwirtschaftliche Entwicklung in Schleswig-Holstein 1933–1945. In: Erich Hoffmann/Peter Wulf (Hg.), „Wir bauen das Reich". Neumünster 1983 (Quellen und Forschungen zur Geschichte Schleswig-Holsteins Bd. 81)
Lueder, Franz Hermann Heinrich: Vollständige Anleitung zur Wartung aller in Europa bekannten Küchengartengewächse, aus dem Englischen neu übersetzt, und mit botanischen und praktischen Anmerkungen erläutert. Lübeck 1780
Lüders, P. E.: Der Gartenbau in Frage und Antwort. Flensburg 1783
Luzny, Jam: Systematische Gliederung des Weltsortiments des weißen Kopfkohles. In: Der Züchter, Bd. 34 (1964), S. 1–13
Marperger, Paul Jacob: Vollständiges Küch- und Keller Dictionarium. Hamburg 1716
Marten, G./Mäckelmann, K.: Dithmarschen, Geschichte und Landeskunde Dithmarschens. Heide 1927
Matthiesen, Martin: „Gastarbeiter" für Rüben und Kohl vor dem Ersten Weltkrieg. In: Blätter zur Heimatkunde 1–3/1979
Maurizio, A.: Die Geschichte unserer Pflanzennahrung von den Urzeiten zur Gegenwart. Berlin 1927
Menck, Werner. Erzeugung und Absatz von Weißkohl in Deutschland. (Dissertation). Königsberg 1932
Meyer, H.: Zuchtziele bei Kopfkohl. In: Rundschreiben Saatgut-Erzeuger-Gemeinschaft im Gebiet der Landwirtschaftskammer Schleswig-Holstein e.V. 24 (1969)
Münster, Heinz: Sauerkraut vom ernährungswissenschaftlichen, landwirtschaftlichen und arbeitstechnischen Gesichtspunkt aus betrachtet. (Dissertation). Langenfeld 1939
Nicolaisen, Nicolai: Zur Wirtschaftlichkeit der Kaltlagerung und des Gefrierens von Gemüse und Obst. In: Vorratspflege und Lebensmittelforschung, Bd. 3 (1940), Heft 7/8, S. 370–377
Nicolaisen, Nicolai: Gemüseanbau im landwirtschaftlichen Betriebe. Berlin 1943
Nissen, Gerda: Bauerngärten in Schleswig-Holstein. Heide 1989
Norman, A. G. (Hg.): Advances in agronomy, vol. II. New York 1950
Ohnesorge, Meinhard: Kopfkohl – Anbau und Markt. Berlin 1934
Philippsen, Wilhelm/Göhring, Rudolf: Heimatbuch des Kaiser Wilhelm Kooges. Marne 1924
Reichardt: Das Gemüse in der Kriegswirtschaft. Berlin 1918 (Beiträge zur Kriegswirtschaft H. 41/42)
Reichart, Christian: Land- und Garten Schatz. Theil 3: Von den zur Speise dienlichen Kohlen, Wurzeln und Zwiebeln. Erfurt 1753
Reichelt, Karl: Einiges aus dem Betriebe des Westfalia-Kohlzüchters. In: Der Obst- und Gemüsebau 1929
Reichelt, Karl: Die Versuchstätigkeit des Sonderausschusses für Feldgemüsebau von 1908 bis 1927. Berlin 1929 (Arbeiten der Deutschen Landwirtschafts-Gesellschaft, Heft 363).

Reichelt, Karl: Der landwirtschaftliche Gemüsebau. Wiesbaden. 3. Auflage 1942
Reinhold, J./Mittelstaedt, H.: Die biologische Gemüsekonservierung. 1942
Reitz, Brunhilde: Die Kultur von „Brassica oleracea" im Spiegel deutscher Sprache. (Dissertation) Marburg/Gießen 1964
Remy, Th.: Mißstände im Kohlsamenhandel und ihre Beseitigung. In: Mitteilungen der Deutschen Landwirtschafts-Gesellschaft 1913, S. 158 ff.
Rivius, Guualterum Hermannus: Kurze aber vast eigentliche / nuzliche und in pflegung der gesundheyt notwendige beschreibung etc. Würzburg 1549
Rosenblad, Eberhard: Medicinische Abhandlung von den Wirkungen des Kohls. Altenburg 1773
Rumohr, Karl Friedrich von: Geist der Kochkunst (1822). Frankfurt 1978
Ruß, Karl: Nahrungs- und Genußmittel. Breslau 1868
Ruß, Karl: Rathgeber auf dem Wochenmarkte. Breslau 1867
Säkular-Feier der Stadt- und Landgemeinde Glückstadt 1901
Saul, Hermann: Die Bedeutung des Gemüsebaues an der Unterelbe und die Wünsche der dortigen Gemüsezüchter. In: Mitteilungen des Verbandes deutscher Gemüsezüchter 1914, S. 131–139
Saul, Hermann: Der Gemüsebau der Elbmarsch in der Gegend um Glückstadt um 1913. In: Archiv für Agrargeschichte 3-4/1981. S. 88–96
Schadewaldt, Hans: Die Ernährung der Seeleute im 19. Jahrhundert. In: Heischkel-Artelt, Edith (Hg.): Ernährung und Ernährungslehre. Göttingen 1976
Scheffler, Karl. Berlin – Ein Stadtschicksal. Berlin 1910
Schneider, Kurt: Deutschlands Gemüseversorgung mit Kopfkohl und Sauerkraut. Berlin 1939
Schöneck, Annelies: Sauer macht lustig! Stuttgart 1990
Schröder, E./Neuer, H.: Anbau von Kopfkohl. Berlin 1941
Seitz, Paul: Der Gemüse- und Kräuteranbau und die Speisepilzerzeugung seit dem 18. Jahrhundert. In: Franz, Günther (Hg.): Geschichte des deutschen Gartenbaus. Stuttgart 1984
Skalweit, August: Die deutsche Kriegsernährungswirtschaft. Stuttgart 1927
Specht, Hartmut: Die Organisation des Kopfkohlanbaus in guten Ackerbaubetrieben, dargestellt am Beispiel Fehmarns (Diplomarbeit) 1971
Stock, Wilhelm: Heimatbuch Dieksanderkoog 1935–1960. Dieksanderkoog 1960
Stockar, Johann: Ain grundtlichs warhaftigs Regiment / wie man sich mit aller speys / getranck / und früchten halten sol / Auch genügsame erfarne unnd weytleuffig beschreibung / was zum gesund tauglich oder untauglich zu prauchen / es seyen Kreuter oder ander wein / Brot / gewächs / allerlay gekochts / Rhohes und ungekochts / Flaisch / Willpret / vögeln / und was man nyessen mag... M.D.XXXVIII
Tancre, A.: Eine Studienfahrt durch Schleswig-Holstein 1910. Berlin 1911 (= Arbeiten der Deutschen Landwirtschafts-Gesellschaft Heft 179)
Teichert, O.: Geschichte der Gemüse. o. O. (1868)
Teuteberg, Hans Jürgen/Wiegelmann, Günter: Der Wandel der Nahrungsgewohnheiten unter dem Einfluß der Industrialisierung. Göttingen 1972
Ueber die rationale Ernährung des Soldaten. Potsdam 1858
Von Kohl und Rübenspeisen. In: Der Arzt, hrsg. von August Unzer. Theil 7, Stück 168. Hamburg 1762
Weaver, William W.: Sauerkraut Yankees: Pennsylvania German Foods and Foodways. Philadelphia 1983

Weirup: Norddeutsche Gemüsebaugebiete. Berlin 1913 (= Arbeiten der Deutschen Landwirtschafts-Gesellschaft. Heft 250)
Wentworth, H./Flexner, St. B.: Dictionary of American Slang, New York 1975
Wibmer, Carl: Medizinische Topographie und Ethnographie der k. Haupt- und Residenzstadt München (Heft 2). München 1863
Wiegelmann, Günther: Alltags- und Festspeisen. Marburg 1967
Winkler, Barbara: Aus der Geschichte der Obst- und Gemüseverwertungsindustrie in Deutschland. In: Die Industrielle Obst- und Gemüseverwertung 47 (1962)
Winkler, Gerhard: Aus der Entwicklung der deutschen Sauerkonservenindustrie von Anbeginn bis zur Gegenwart. In: Die Industrielle Obst- und Gemüseverwertung 50 (1965), S. 305–320
Wiswe, Hans: Kulturgeschichte der Kochkunst. München 1970
Wollheim, H.: Versuch einer medicinischen Topographie und Statistik von Berlin. Berlin 1844
Wotha, Brigitte: Agrare Entwicklungsphasen und Bodennutzungsformen in der Kremper Marsch seit dem 18. Jahrhundert. Krempe 1990
Zedler, Johann Heinrich: Großes vollständiges Universal-Lexikon, Aller Wissenschafften und Künste. Halle/Leipzig 1732–1754
Zimmermann, Heinrich: Reise um die Welt mit Capitän Cook. (1781), herausgegeben von Hans Bender. Tübingen 1987

Verzeichnis der Abbildungen

Abb. 1 Aus: Körber-Grohne, Udelgard: Nutzpflanzen in Deutschland. Kulturgeschichte und Biologie. Stuttgart 1987
Abb. 2 Aus: Gröll, Walter: Bauerngärten der Lüneburger Heide. Ehestorf 1988 (= Schriften des Freilichtmuseums am Kiekeberg Bd. 1)
Abb. 3 Aus: Jacobeit, Sigrid und Wolfgang: Illustrierte Alltagsgeschichte des deutschen Volkes 1550–1810. Köln 1988
Abb. 4 Landwirtschaftsmuseum Meldorf
Abb. 5 Detlefsen-Museum, Glückstadt
Abb. 6 Aus: „Kladderadatsch", Nr. 22/23, 1879
Abb. 7 Aus: Thomsen, Johann Wilhelm: Vom Hakenpflug zum Mähdrescher. Heide 1983
Abb. 8 Dithmarscher Landeszeitung, 14. 12. 1905
Abb. 9 Dithmarscher Landeszeitung, 25. 4. 1907
Abb. 10 Privatbesitz
Abb. 11 Freilichtmuseum am Kiekeberg
Abb. 12 Aus: Anbau- und Düngungsratschläge für Gemüse-, Obst- und Baumschulkulturen. o. J.
Abb. 13 Landwirtschaftsmuseum Meldorf
Abb. 14 Landwirtschaftsmuseum Meldorf
Abb. 15 Dithmarscher Landeszeitung, 18. 1. 1912
Abb. 16 Landwirtschaftsmuseum Meldorf
Abb. 17 Wilhelm Busch, Illustration zu „Max und Moritz"
Abb. 18 Dithmarscher Landeszeitung, 29. 10. 1905
Abb. 19 Aus: James Gillray 1757–1815. Meisterwerke der Karikatur. Stuttgart 1986
Abb. 20 Dithmarscher Landeszeitung, 22. 1. 1906
Abb. 21 Aus: Jahres-Bericht über die Erfahrungen und Fortschritte auf dem Gesamtgebiete der Landwirtschaft. 7. Jahrgang 1892 und 9. Jahrgang 1894. Braunschweig 1893/1895
Abb. 22 Landwirtschaftsmuseum Meldorf
Abb. 23 bis
Abb. 30 Aus: Das Buch der sauren Arbeit. (Hamburg 1938)
Abb. 31 Titelblatt Eberhard Rosenblad, Medicinische Abhandlung von den Wirkungen des Kohls. Altenburg 1778 (Staatsbibliothek Berlin)
Abb. 32 Dithmarscher Landeszeitung, 17. 9. 1917
Abb. 33 Dithmarscher Landeszeitung, 6. 12. 1917
Abb. 34 Dithmarscher Landeszeitung, 29. 5. 1917
Abb. 35 Dithmarscher Landeszeitung, 13. 3. 1918
Abb. 36 Dithmarscher Landeszeitung, 21. 1. 1918
Abb. 37 Dithmarscher Landeszeitung, 20. 4. 1920
Abb. 38 Aus: Menck, Werner: Erzeugung und Absatz von Weißkohl in Deutschland. (Dissertation.) Königsberg 1932
Abb. 39 Gemüsezuchtgenossenschaft Marne

Abb. 40 bis
Abb. 42   Aus: Reichelt, Karl: Der Kopfkohl, seine Kultur und Aufbewahrung. Stuttgart 1936
Abb. 43   Landwirtschaftsmuseum Meldorf
Abb. 44   Landwirtschaftsmuseum Meldorf
Abb. 45   Privatbesitz
Abb. 46   Privatbesitz
Abb. 47   Privatbesitz
Abb. 48   Stadtarchiv Meldorf
Abb. 49   Aus: Notwende, Heft 5, Jg. 1940
Abb. 50   Landwirtschaftsmuseum Meldorf
Abb. 51   Landwirtschaftsmuseum Meldorf
Abb. 52   Landwirtschaftsmuseum Meldorf
Abb. 53   Landwirtschaftsmuseum Meldorf
Abb. 54   Landwirtschaftsmuseum Meldorf
Abb. 55   Gemüsezuchtgenossenschaft Marne
Abb. 56 u.
Abb. 57   Aus: Thomsen, Johann Wilhelm: Vom Hakenpflug zum Mähdrescher. Heide 1983
Abb. 58   Landwirtschaftsmuseum Meldorf
Abb. 59   Landwirtschaftsmuseum Meldorf
Abb. 60   Aufnahme Johanna Busch, Landwirtschaftsmuseum Meldorf
Abb. 61   Landwirtschaftsmuseum Meldorf
Abb. 62   Gemüsezuchtgenossenschaft Marne
Abb. 63   Landwirtschaftsmuseum Meldorf
Abb. 64   Aufnahme Johanna Busch, Landwirtschaftsmuseum Meldorf
Abb. 65   Aufnahme Johanna Busch, Landwirtschaftsmuseum Meldorf
Abb. 66   Aufnahme Johanna Busch, Landwirtschaftsmuseum Meldorf
Abb. 67   Aufnahme Johanna Busch, Landwirtschaftsmuseum Meldorf
Abb. 68   Dithmarscher Landeszeitung, 28. 2. 1907
Abb. 69   Dithmarscher Landeszeitung, 6. 2. 1924
Abb. 70   Gemüsezuchtgenossenschaft Marne
Abb. 71   Gemüsezuchtgenossenschaft Marne
Abb. 72   Aufnahme Johanna Busch, Landwirtschaftsmuseum Meldorf
Abb. 73   Aufnahme Johanna Busch, Landwirtschaftsmuseum Meldorf
Abb. 74   Landwirtschaftsmuseum Meldorf
Abb. 75   Landwirtschaftsmuseum Meldorf
Titelseite: Werbepostkarte Düngerindustrie, Freilichtmuseum am Kiekeberg
Rückseite: Landwirtschaftsmuseum Meldorf